KB200829

東靑龍 · 三

낭송 아함경

낭송Q시리즈 동청룡 03
낭송 아함경

발행일 초판5쇄 2022년 5월 10일(壬寅年 乙巳月 癸亥日)
풀어 읽은이 최태람 | **펴낸곳** 북드라망 | **펴낸이** 김현경
주소 서울시 종로구 사직로8길 24 1221호(내수동, 경희궁의아침 2단지) |
전화 02-739-9918 | **이메일** bookdramang@gmail.com

ISBN 978-89-97969-41-8 04220 978-89-97969-37-1(세트) | 이 도서의 국립중앙도서관
출판시도서목록(CIP)은 서지정보유통지원시스템 홈페이지(http://seoji.nl.go.kr)와 국가
자료공동목록시스템(http://www.nl.go.kr/kolisnet)에서 이용하실 수 있습니다.(CIP제어
번호: CIP2014030327) | 이 책은 저작권자와 북드라망의 독점계약에 의해 출간되었으므
로 무단전재와 무단복제를 금합니다. 잘못 만들어진 책은 서점에서 바꿔 드립니다.

책으로 여는 지혜의 인드라망, 북드라망 www.bookdramang.com

낭송
Q
시리즈

동청룡
03

낭송
아함경

최태람
풀어
읽음

고미숙
기획

티

▶낭송Q시리즈 『낭송 아함경』 사용설명서◀

1. '낭송Q'시리즈의 '낭송Q'는 '낭송의 달인 호모 큐라스'의 약자입니다. '큐라스'(curas)는 '케어'(care)의 어원인 라틴어로 배려, 보살핌, 관리, 집필, 치유 등의 뜻이 있습니다. '호모 큐라스'는 고전평론가 고미숙이 만든 조어로, 자기배려를 하는 사람, 즉 자신의 욕망과 호흡의 불균형을 조절하는 능력을 지닌 사람을 뜻하며, 낭송의 달인이 호모 큐라스인 까닭은 고전을 낭송함으로써 내 몸과 우주가 감응하게 하는 것이야말로 최고의 양생법이자, 자기배려이기 때문입니다(낭송의 인문학적 배경에 대해 더 궁금하신 분들은 고미숙이 쓴 『낭송의 달인 호모 큐라스』를 참고해 주십시오).

2. 낭송Q시리즈는 '낭송'을 위한 책입니다. 따라서 이 책은 꼭 소리 내어 읽어 주시고, 나아가 짧은 구절이라도 암송해 보실 때 더욱 빛을 발합니다. 머리와 입이 하나가 되어 책이 없어도 내 몸 안에서 소리가 흘러나오는 것, 그것이 바로 낭송입니다. 이를 위해 낭송Q시리즈의 책들은 모두 수십 개의 짧은 장들로 이루어져 있습니다. 암송에 도전해 볼 수 있는 분량들로 나누어 각 고전의 맛을 머리로, 몸으로 느낄 수 있도록 각 책의 '풀어 읽은이'들이 고심했습니다.

3. 낭송Q시리즈 아래로는 동청룡, 남주작, 서백호, 북현무라는 작은 묶음이 있습니다. 이 이름들은 동양 별자리 28수(宿)에서 빌려 온 것으로 각각 사계절과 음양오행의 기운을 품은 고전들을 배치했습니다. 또 각 별자리의 서두에는 판소리계 소설을, 마무리에는 『동의보감』을 네 편으로 나누어 하나씩 넣었고, 그 사이에는 유교와 불교의 경전, 그리고 동아시아 최고의 명문장들을 배열했습니다. 낭송Q시리즈를 통해 우리 안의 사계를 일깨우고, 유(儒)·불(佛)·도(道) 삼교회통의 비전을 구현하고자 한 까닭입니다. 아래의 설명을 참조하셔서 먼저 낭송해 볼 고전을 골라 보시기 바랍니다.

▷ <u>동청룡</u>: 『낭송 춘향전』, 『낭송 논어/맹자』, 『낭송 아함경』, 『낭송 열자』, 『낭송 열하일기』, 『낭송 전습록』, 『낭송 동의보감 내경편』으로 구성되어 있습니다. 동쪽은 오행상으로 목(木)의 기운에 해당하며, 목은 색으로는 푸른색, 계절상으로는 봄에 해당합니다. 하여 푸른 봄, 청춘(青春)의 기운이 가득한 작품들을 선별했습니다. 또한 목은 새로운 시작을 의미하기

도 합니다. 청춘의 열정으로 새로운 비전을 탐구하고 싶다면 동청룡의 고전과 만나 보세요.

▷ 남주작 : 『낭송 변강쇠전/적벽가』『낭송 금강경 외』『낭송 삼국지』『낭송 장자』『낭송 주자어류』『낭송 홍루몽』『낭송 동의보감 외형편』으로 구성되어 있습니다. 남쪽은 오행상 화(火)의 기운에 속합니다. 화는 색으로는 붉은색, 계절상으로는 여름입니다. 하여, 화기의 특징은 발산력과 표현력입니다. 자신감이 부족해지거나 자꾸 움츠러들 때 남주작의 고전들을 큰소리로 낭송해 보세요.

▷ 서백호 : 『낭송 홍보전』『낭송 서유기』『낭송 선어록』『낭송 손자병법/오기병법』『낭송 이옥』『낭송 한비자』『낭송 동의보감 잡병편 (1)』로 구성되어 있습니다. 서쪽은 오행상 금(金)의 기운에 속합니다. 금은 색으로는 흰색, 계절상으로는 가을입니다. 가을은 심판의 계절, 열매를 맺기위해 불필요한 것들을 모두 떨궈 내는 기운이 가득한 때입니다. 그러니 생활이 늘 산만하고 분주한 분들에게 제격입니다. 서백호 고전들의 울림이 냉철한 결단력을 만들어 줄 테니까요.

▷ 북현무 : 『낭송 토끼전/심청전』『낭송 노자』『낭송 대승기신론』『낭송 동의수세보원』『낭송 사기열전』『낭송 18세기 소품문』『낭송 동의보감 잡병편 (2)』로 구성되어 있습니다. 북쪽은 오행상 수(水)의 기운에 속하며 색으로는 검은색, 계절상으로는 겨울입니다. 수는 우리 몸에서 신장의 기운과 통합니다. 신장이 튼튼하면 청력이 좋고 유머감각이 탁월합니다. 하여 수는 지혜와 상상력, 예지력과도 연결됩니다. 물처럼 '유동하는 지성'을 갖추고 싶다면 북현무의 고전들과 함께해야 합니다.

4. 낭송은 최고의 휴식입니다. 소리의 울림이 호흡을 고르게 하고, 이어 몸과 마음이 평온해집니다. 혼자보다 가족과 친구, 연인과 함께하시면 더욱 효과가 좋습니다. 또한 머리맡에 이 책을 상비해 두시고 잠들기 전 한 꼭지씩만 소리 내어 읽어 보세요. 불을 끄고 자리에 누워서는 방금 읽은 부분을 낭송해 보세요. 개운한 아침을 맞을 수 있을 것입니다.

5. 『낭송 아함경』은 풀어 읽은이가 『잡아함경』의 편제를 새롭게 하여 가려 뽑아 엮은 발췌 편역본입니다. 『잡아함경』의 원목차는 이 책의 맨 뒤에 실려 있습니다.

차 례

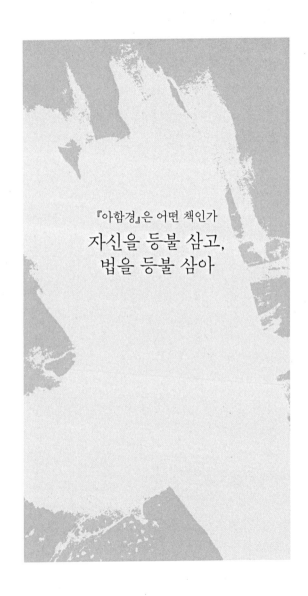

『아함경』은 어떤 책인가

자신을 등불 삼고,
법을 등불 삼아

"나는 그것을 스스로 알고 스스로 깨달아 사람들을 위해 분별하고 연설하고 나타내 보이지만 세간의 눈먼 장님들은 그것을 알지도 못하고 보지도 못한다. 그러나 그것은 내 허물이 아니니라."(『아경』我經 중에서)

깨달음은 기적이나 신비가 아니다. 초월적 신에게 자신의 모든 걸 의지한다고 얻을 수 있는 것도 아니다. 오직 스스로의 바른 이해를 통해서만 깨우칠 수 있다고 말하는 붓다. 그는 "나를 따르라"라고 말하는 대신, 자기가 깨달은 바를 "분별하고 연설하고 나타내 보일" 뿐이다. 달이 그러하고 꽃이 그러하듯 세상에 어느 것 하나 그대로 멈추어 있는 것이 없고, 영원하고 변치 않는 것은 없으며, 생은 '고'苦요, '나' 혹은 '내 것'이라고 할 만한 것은 없다는 붓다의 가르침. 경전에 등장하는 수많은 비유들은 단지 비유가 아니다. '기둥에 묶인 개', '온갖 빛깔의 소', '물거품', '모래성', '연꽃' 등 주변에서 흔히 보이는 모든 것들은 세계의 진상을 여실하게 드러내 보인다. 그러나 "눈먼 장님"들은 이 이 실상을 미처 깨닫지 못한다. 탐貪·진瞋·치癡에 눈이 멀었기 때문이다.

붓다의 설법은 무지한 중생에 대한 자비심의 발로다. 여러 스승들을 찾아다니며 수행법을 배우고 익힌 지 여러 해, 보리수 밑에서 "스스로 알고 스스로 깨달은" 붓다는 열반에 들기까지 45년간 설법을 이어 간다. 이는 자신의 깨달음으로 모든 이들을 제도濟度해야 한다는 의무감도, 제도할 수 있다는 오만함도, 동정심도 아니었다. 자비심은 누구나 번뇌로부터 자유로워질 수 있는 존재들임을 믿는 마음이다. 고통을 일으키는 조건이 동시에 깨달음의 조건이기도 하다는 사실을 붓다는 누구보다 잘 알고 있었다. 붓다가 농부, 왕, 바라문, 노예, 여자, 외도外道들에게 차별 없이 설법했던 이유도 이 때문이다. 붓다는 상황과 장소, 듣는 사람의 수준과 처지에 따라 매번 구체적이고 생생한 비유를 들어 설법했다. 이를 '대기설법'對機說法이라 한다. 설법의 유일한 기준은 상대가 들을 준비가 되어 있느냐 그렇지 않느냐 하는 것. 지혜의 문은 그것을 열 준비가 되어 있는 사람에게만 열린다. '많이 알고 있다'는 오만한 얼굴빛을 띠고 있는 자, 상대를 단지 시험하려는 자, 자기 생각을 절대 바꿀 생각이 없는 자가 물어 오면 붓다는 대답하지도, 심지어 쳐다보지도 않았다. 붓다의 자비심은 한편으로 이렇게 가차 없는 것이기도 했다.

*　　*　　*

붓다의 설법은 기원전 483년, 붓다가 열반에 든 직후부터 기록되기 시작한다. 제자들은 붓다가 죽은 지 석 달 만에 한자리에 모여 스승이 남긴 가르침과 계율을 정리한다. 이설異說이 생기는 걸 막고 붓다의 말을 최대한 고스란히 보존하기 위해서였다. 이것이 현존하는 『아함경』阿含經의 원형이 된다. 그리고 100년쯤 뒤에 제2차 교단회의가 열리고, 이 무렵에 현재의 팔리어 경전의 모습이 갖춰졌는데, 팔리어로 '아가마'āgama: '전승된 가르침'라는 텍스트가 중국에 전해지면서 음사된 것이 바로 '아함경'阿含經이다. '전승되어 오는 경전'을 의미하는 『아함경』은 불교가 이론화되고 여러 분파로 갈라지기 이전 붓다와 승가의 삶을 보여 주는 불교의 원형이다. 문장의 길이가 긴 경전을 모은 『장아함경』, 문장의 길이가 중간 정도인 것을 모은 『중아함경』, 비교적 짧은 길이의 경전을 모은 『잡아함경』, 사제四諦·육도六度·팔정도八正道 등을 순서대로 분류하여 엮은 『증일아함경』으로 분류되는데, 이 책 『낭송 아함경』에 수록된 문장들은 모두『잡아함경』에서 뽑은 것이다. 특히『잡아함경』은 총 50권 1,362개의 경으로 구성되어 있고, 다른 경에는 들어 있지 않은 경전들을 모아 놓은 것으로, 가장 원초적인 형태를 띤다. 짧은 길이의 경전들이 많고 게송과 산문이 엮여 있어 암송하기에는 더없이 좋다. 여기서 우리는 무아無我, 무상無常, 고苦, 사성제四聖諦, 팔정도八正道, 십이연기十二緣起 등 불교의 기본적 사상뿐만 아니라, 붓다와 제자들의 일상과 시대상 등을 생생하게 살펴볼 수 있다.

*　*　*

낭송을 위해 네 개의 주제를 선별했다. 첫번째 주제는 '붓다와 제자들'이다. 붓다는 살이 많이 쪄서 힘들어하는 왕에게 식탐을 제어하게끔 하는 게송을 지어 주는가 하면, 혼자 걸식하는 노인을 보고 마음이 아파 그를 버린 아들에게 잘못을 일깨워 주는 게송을 지어 주기도 한다. 서로 잘났다고 우기며 싸우는 제자들을 보고 화나는 마음을 가라앉히고, 질문하는 제자가 기특해 미소짓기도 하며, 죽음 앞에서 슬픔과 두려움을 느끼기도 하는 붓다. 붓다에게 이 모든 것은 삶 자체였다. 붓다는 우리에게 불감증적 인간이 되라고 요구하는 게 아니다. 연꽃처럼, 인간 세상에 머물되 세속의 욕망에 물들어 번뇌에 불타지 않아야 한다고 말하는 것이다. 아난, 사리불, 가섭, 목건련 등의 제자는 이런 붓다의 가르침을 잘 배워 깨우친 또 다른 '붓다들'이다.

두번째 주제는 '붓다의 가르침 : 고, 무상, 무아'이다. 『잡아함경』은 '무상경'無常經에서 출발한다. '모든 것은 무상하다'는 가르침은 『아함경』 전체를 관통하는 주제다. 우리와 마찬가지로 고타마 붓다 역시 죽으면 썩을 육체를 가진 인간이었다. 경전 속에서 그는 등이 아프다고 호소하기도 하고, 자기의 몸을 낡은 수레에 비유하기도 한다. 석가족의 왕자였던 고타마 싯다르타가 신분도 가정도 모두 버리고 출가出家를 감행했던 것은 '생로병사'生老病死의 고苦를 해결하기 위해서였다. 인간은 왜 태어나 늙고 병들고 죽는 고통을 당해야 하는가? 누구나 한 번쯤 해봄 직한 이런 보편적인 고민을 해결하기 위해 그는 자신의 안정적 삶을 기꺼이 버렸던 것이다. 신도 아니고, 신과 인간의 중개자도 아닌 붓다. 그는 사람들에게 천국을 약속하는 대신 삶의 조건을 이해하라고 설파한다. 물질[色], 느낌[受], 생각[想], 의지[行], 마음[識]을 부정하는 게 아니라 그것이 모두 무상함을 바르게 관찰하여 알고, 어떤 것도 변하지 않을 거라는 망상을 버리라는 것. 이때 인간 세상의 고통은 해탈의 방해물이 아니라 조건이 된다.

세번째 주제는 '자비, 함께하는 삶'이다. 붓다는 상식과 관습에 따른 세간법世間法 대신 연기법緣起法을 주장한다. 영구불변의 실체는 없고, 모든 사물은 상호 의존해 발생하고 소멸한다. 또 스스로 존재하는 영원한 생명이나 절대적 영혼 같은 건 없으며, 모든 것이 무수히 많은 조건들 속에서 이러저러하게 얽혀 있을 뿐이다. 이런 세계에서 인간은 결코 특권적 존재가 될 수 없다. 붓다가 희생제의나 전쟁을 부정한 것은 이런 맥락에서였다. 인간이 자신의 기복을 위해 다른 중생들이 느끼는 고통에 대해서 외면한다는 것은 어불성설이다. 자비, 그것은 아프지만 함께 살아가야 하는 우리들에게 요구되는 필수적 윤리다.

그렇다면 무엇을 어떻게 배우고 실천해야 하는가? 네번째 주제는 '배움과 수행'이다. 붓다는 제자들의 수준에 따라 가르침의 단계를 나누기도 하고, 머리에 타고 있는 불을 끄듯 부지런히 생각을 잡아매는 공부를 하라고 당부하고, 제대로 깨닫지도 못했으면서 스스로를 치켜세우고 자랑하는 일을 경계하라고 가르친다. 부지런히 배우고 닦는다면, 누구든 붓다—'깨어 있는 자'가 될 수 있다. 성구聖句를 외기만 하는 것은 남의 소를 세는 것과 다름없다. 붓다는 자신을 숭배의 대상으로 삼으라 하지 않고 각자 붓다가 되라고 호소한다. 깨닫는 행위는 누군가 대신 해줄 수 있는 일이 아니기 때문이다. 지혜의 눈을 뜨는 것도 나, 구제의 길을 가는 것도 나다.

* * *

불경을 소리 내어 읽는 건 흥미롭고도 기이한 경험이다. 구전되어 오던 붓다의 설법을 기록한 경전의 특성상 비슷하게 반복되는 구절들이 많다 보니, 읽다 보면 내용을 잘 몰라도 마치 '아는 것 같은' 기분 좋은 착각에 빠지기도 한다. 낭송의 참맛을 알려면 그 반복구가 만들어 내는 오묘한 울림에 주의를 기울여야 한다. 그러면 경전 속에 스며들어 있는 붓다의 말하기 방식, 표현법, 뉘앙스, 청자를 대하는 태도 등을 함께 음미할 수 있을 것이다. 나아가, 붓다의 설법이 지금 여기서 온전히 행해지고 있는 듯한 느낌이 들면서 주위의 사물들이 다르게 보이는 신비 체험(!)마저 가능하다.

모든 경전의 끝에 반복되듯이, 붓다의 설법을 들은 중생들은 모두 기뻐하며 받들어 행했다고 한다. 지금 여기서 경전을 낭송하는 우리도 붓다가 선물하는 그 기쁨을 함께 누릴 수 있었으면 좋겠다.

2014년 7월 30일
규문 연구실에서
최태람

낭송Q시리즈 동청룡
낭송 아함경

1부
붓다와 제자들

1-1.
깨달은 자의 이름, 붓다

이와 같이 나는 들었다. 부처님께서 사위성舍衛城 : 고대 인도의 도시, 슈라바스티 기수급고독원祇樹給孤獨園 : 기원정사에 계실 때였다. 어떤 외도 바라문外道 婆羅門 : 불교 이외의 가르침을 닦는 수행자이 부처님 계신 곳으로 찾아와 인사하고 한쪽으로 물러앉아 부처님께 여쭈었다.

"구담瞿曇 : 석가족의 성씨 '고타마'를 가리킴이시여, 부처란 어떤 사람입니까? 부모가 그 이름을 지어 준 것입니까, 바라문이 그 이름을 지어 준 것입니까?"

바라문은 게송으로 말했다.

부처란 이 세간을
초월하고 건넜다는 훌륭한 이름
그것은 당신의 부모가 지어

당신을 부처라 이름한 것입니까

세존께서 게송으로 대답하셨다.

　부처는 과거 세상을 보고
　그와 같이 미래 세상을 보며
　또한 이 현재 세상의
　나고[生], 멸하는 모든 행[行] 다 본다네

　밝은 지혜로 일체를 환히 알아
　닦아야 할 것은 이미 다 닦고
　끊어야 할 것은 이미 끊었으니
　그러므로 이름을 부처라 하네

　수많은 겁[劫] 동안 찾고 가려 보아도
　온통 괴로움뿐 즐거움 없고
　태어난 것 반드시 소멸하고 말았네
　그러므로 때와 티끌 멀리 떠나고
　모든 번뇌와 가시의 근본을 뽑아
　일체를 바로 깨쳐 부처라 이름하네

부처님께서 게송을 마치시자, 그 바라문은 부처님의
말씀을 듣고 기뻐하며 자리에서 일어나 물러갔다.

1-2.
세상 속에서 세상을 벗어난 자

이와 같이 나는 들었다. 부처님께서 구살라국拘薩羅國 : 고대인도의 국가, 코살라국. 수도는 사위성 인간 세상을 다니시다가 유종가제 마을과 타구라 마을 사이에 있는 어떤 나무 밑에 앉아 선정에 들어 계실 때였다. 두마豆磨종족의 한 바라문이 그 길을 따라 오다가 부처님이 지나가신 길에서 천 개의 살이 있는 바퀴 모양의 부처님 발자국을 보게 되었다. 발자국의 그 무늬는 선명하고 바퀴살은 가지런하며 테는 동그스름한 것이, 지혜와 복덕을 모두 갖춘 모양이었다. 그는 그것을 보고 '나는 여태 인간의 발자국 중에서 이런 것을 보지 못했다. 이제 이 발자국을 따라가 그 사람을 찾아보리라'고 생각하고, 발자국을 따라 부처님 계신 곳으로 왔다.

그는 세존께서 어떤 나무 밑에 앉아 선정에 들어 계신 모습을 보았는데, 엄숙한 얼굴은 세상에서 가장 뛰어나고, 모든 기관은 맑고 고요하며, 마음은 극히 조용하여 잘 길들여졌으며, 정관正觀: 경계를 사실 그대로 관찰하는 것을 성취하여 풍채가 빛나고 의젓한 것이 마치 금산金山과 같았다. 그는 그것을 보고 부처님께 여쭈었다.

"당신은 하늘이십니까?"

"나는 하늘이 아니오."

"그러면 용龍, 야차夜叉: 사람을 괴롭히거나 해친다는 사나운 귀신, 건달바乾闥婆: 제석천의 아악(雅樂)을 맡아보는 신, 아수라阿修羅: 싸우기를 좋아하는 귀신으로, 항상 제석천과 싸움을 벌인다, 가루라迦樓羅: 불경에 나오는 상상의 큰 새. 몸은 사람을 닮고 불을 뿜는 입으로 용을 잡아먹는다, 긴나라緊那羅: 악기를 연주하고 노래하며 춤추는 신, 마후라가摩睺羅迦: 몸은 사람과 같고 머리는 뱀과 같은 신, 사람이십니까, 아니면 귀신이십니까?"

"나는 용도 아니고 사람도 귀신도 아니오."

"하늘도 아니고 용도 아니고, 사람도 아니고 귀신도 아니라면, 도대체 당신은 어떤 분이십니까?"

그러자 세존께서 게송으로 대답하셨다.

하늘, 용, 건달바

긴나라, 야차
착함이 없는 아수라
모든 마후라가
사람과 귀신 등은
모두 번뇌로 말미암아 생긴다네
그러한 번뇌의 샘
나는 이미 모두 버리고
이미 부수고 이미 없앴으니 마치 연꽃과 같다네

그 꽃 비록 물속에서 자라지만
일찍이 물이 묻은 일 없듯이
내 비록 세상 속에 살지만
이 세상에 집착하지 않네

수많은 겁 동안 분별해 보았으나
온통 괴로움뿐 즐거움 없고
일체 세간의 유위행有爲行
그것들은 모두 나고 멸하는 것

그래서 번뇌 떠나 움직이지 않고
모든 칼과 가시 뽑아 버리고는
삶과 죽음의 한계를 벗어났으니

그러므로 붓다[佛陀]라 이름하노라

부처님의 말씀을 듣고, 두마종족 바라문은 기뻐하면
서 길을 따라 떠나갔다.

1-3.
번뇌도 기쁨도 없이 깨어 있는 자

이와 같이 나는 들었다. 부처님께서 석씨釋氏 우라제
나탑이 있는 곳에 머물고 계실 때였다. 세존께서 수
염과 머리를 새로 깎고, 새벽에 결가부좌하고 몸을
곧게 하시고서, 뜻을 바르게 하여 다른 생각이 일어
나지 않도록 집중하고, 옷을 머리에 뒤집어쓰고 계셨
다. 그때 우라제나탑 곁에 어떤 천신天神이 머물고 있
었는데, 그는 몸에서 빛을 내어 정사精舍를 두루 비추
면서 부처님께 여쭈었다.

"사문이여, 근심스러우십니까?"

부처님께서 천신에게 말씀하셨다.

"무엇을 잃었던가?"

천신이 다시 물었다.

"사문이여, 기쁘십니까?"

부처님께서 천신에게 말씀하셨다.

"무엇을 얻었던가?"

천신이 다시 물었다.

"사문이여, 근심스럽지도 않고 기쁘지도 않으십니까?"

부처님께서 천신에게 말씀하셨다.

"그렇다, 그렇다."

그러자 천신이 게송으로 말했다.

모든 번뇌를 여의셨습니까
또한 기쁨도 없다고 하셨습니까
어째서 홀로 계십니까
무너짐이 즐겁지 않은 것은 아닙니까

세존께서 게송으로 답하셨다.

나는 번뇌 없이 해탈하였고
또한 기쁨도 없어
즐거움도 없고 무너뜨릴 것도 없으니
그러므로 혼자 있는 것이다

천신이 다시 게송으로 말했다.

어째서 번뇌가 없으며
어째서 기쁨이 없습니까
어째서 홀로 계십니까
무너짐이 즐겁지 않은 것은 아닙니까

세존께서 다시 게송으로 답하셨다.

번뇌에서 기쁨이 생기고
기쁨에서 또한 번뇌가 생기나니
번뇌도 없고 기쁨도 없음을
천신아, 마땅히 새겨 잊지 말라

천신이 다시 게송으로 말했다.

훌륭하십니다, 번뇌 없음이여
훌륭하십니다, 기쁨 없음이여
훌륭하십니다, 홀로 머무르심이여
함[爲]이 없어 기쁨도 무너짐도 없음이여

오래전에 바라문을 보았는데
그 바라문은 반열반을 얻어
모든 원한에서 이미 벗어났고

세상의 은혜와 사랑까지 영원히 벗어났네

천신은 부처님의 말씀을 듣고 기뻐하면서, 부처님의
발에 머리를 조아리고 사라지더니 나타나지 않았다.

1-4.
평등한 가르침으로 악마를 물리치다

이와 같이 나는 들었다. 부처님께서 왕사성王舍城:중인
도 마가다국의 도읍, 라자그리하 기사굴산耆闍崛山에 계실 때였
다. 세존께서는 이른 아침에 가사를 입고 발우를 가
지고 왕사성으로 들어가 탁발을 하고 계셨다. 그때
천마天魔 파순波旬이 '사문 구담이 이른 아침에 가사를
입고 발우를 가지고 왕사성으로 들어가 탁발하고 있
다. 내가 이제 그에게 가서 도를 닦으려는 그의 뜻을
어지럽히리라' 하고 생각했다. 그러고는 수레를 모는
사람의 형상으로 변신하여 지팡이를 들고 소를 찾았
다. 그는 다 떨어진 옷을 입고 헝클어진 머리에 손과
다리가 찢어진 모습으로 손에 소 채찍을 들고 세존에
게 다가가 물었다.
"구담이여, 내 소를 보았는가?"

세존께서는 '이 자는 악마다. 나를 어지럽히려고 왔다'고 생각하고 악마에게 말씀하셨다.

"악마여, 소가 어디에 있는가? 소를 무엇에 쓰려고 하는가?"

악마는 '사문 구담이 내가 악마인 줄 알고 있구나!'라고 생각하고 부처님께 말씀드렸다.

"구담이여, 눈과 귀, 코, 혀, 몸, 뜻이라는 감각기관이 바로 내가 타고 다니는 것이다."

그리고 다시 물었다.

"구담이여, 어디로 가고자 하는가?"

부처님께서 악마에게 말씀하셨다.

"너에게는 눈과 귀, 코, 혀, 몸, 뜻이라는 감각기관이 있다. 그 눈과 귀, 코, 혀, 몸, 뜻이라는 감각기관이 없는 곳은 네가 미치지 못하는 곳인데, 나는 그곳에 도달했다."

그러자 천마 파순이 게송으로 말했다.

　만일 항상 '나'라는 것이 있다면
　그것은 다 내 것이라네
　일체가 다 내게 속한 것인데
　구담이여, 어디로 가려 하는가

세존께서 게송으로 대답하셨다.

  '나'라고 하는 것이 있다고 말한다면
  그 말하는 '나'는 곧 잘못된 것이다
  그러므로 알아야 한다, 파순아
  스스로 지는 곳에 떨어졌느니라

악마가 다시 게송으로 말했다.

  만일 말하기를, '도를 알아
  안온하게 열반으로 향한다'고 한다면
  너 혼자서 유행遊行하여 가거라
  무엇 때문에 번거롭게 남을 가르치는가

세존께서 다시 게송으로 대답하셨다.

  만일 악마를 떠나려는 자가
  저 언덕[彼岸]으로 건너는 길을 물으면
  진실하여 영원히 남음 없다고
  그를 위해 평등하게 설명하리라
  언제나 게으르지 않기를 익히면
  영원히 악마의 방해에서 벗어나리라

악마가 다시 게송으로 말했다.

고깃덩이 같은 돌이 있어
굶주린 까마귀가 먹으러 찾아왔네
부드럽고 맛있으리라 생각하면서
굶주린 빈 창자를 채우려 했네

그러나 결국 그 맛 얻지 못하고
주둥이만 부러져 하늘로 올라가네
나는 마치 그 까마귀 같고
구담은 그 돌과 같은 분이로다

들어오지 못하고 부끄러워 떠났으니
마치 까마귀가 허공으로 달아나듯
마음속에 근심과 앙심을 품고
그는 곧 사라져 나타나지 않았네

1-5.
마음이 세계를 만든다: 붓다의 제자들

이와 같이 나는 들었다. 부처님께서 왕사성 가란다죽
원迦蘭陀竹園: 죽림정사에 계실 때였다. 세존께서 모든 비
구들에게 말씀하셨다.

"중생들은 늘 경계境界: 자기 세력이 미치는 범위와 함께하
며 경계와 화합한다. 경계와 함께한다는 것은 무엇
인가? 착하지 않은 마음일 때는 좋지 않은 경계와 화
합하고, 착한 마음일 때는 좋은 경계와 화합하며, 비
천한 마음일 때는 비천한 경계와 화합하고, 지혜로운
마음일 때는 지혜로운 경계와 화합한다."

그때 존자 교진여憍陳如와 많은 비구들이 근처에서 수
행하고 있었다. 그들은 모두 상좌上座: 덕망이 높은 수행자,
승려를 높여 이르는 말요, 들어 아는 것이 많은 대덕大德들
로서 출가한 지 이미 오래되었고, 범행梵行: 깨달음에 이르

는 청정한 수행을 완전하게 닦은 자들이었다.

존자 마하가섭摩訶迦葉과 많은 비구들도 근처에서 수
행하고 있었다. 그들은 모두 욕심이 적고 만족할 줄
알며, 깨달음을 위한 고행을 실천하고, 남은 것을 쌓
아 두지 않는 자들이었다.

존자 사리불舍利弗과 많은 비구들도 근처에서 수행하
고 있었다. 그들은 모두 큰 지혜와 분별력을 갖춘 자
들이었다.

존자 대목건련大目揵連과 많은 비구들도 근처에서 수
행하고 있었다. 그들은 모두 큰 신통력이 있는 자들
이었다.

아나율타阿那律陀와 많은 비구들도 근처에서 수행하
고 있었다. 그들은 모두 통찰력이 뛰어나고 투철한
자들이었다.

존자 이십억이二十億耳와 많은 비구들도 근처에서 수
행하고 있었다. 그들은 모두 용맹하게 정진하고 부지
런히 수행하는 자들이었다.

존자 타표陀驃와 많은 비구들도 근처에서 수행하고
있었다. 그들은 모두 대중을 위해 공양供養: 승려나 승단에
재물을 베푸는 일 도구를 만드는 자들이었다.

존자 우바리優波離와 많은 비구들도 근처에서 수행하
고 있었다. 그들은 모두 율법을 행함에 통달한 자들

이었다.

존자 부루나富樓那와 많은 비구들도 근처에서 수행하고 있었다. 그들은 모두 분별력을 갖추고 설법을 잘하는 자들이었다.

존자 가전연迦旃延과 많은 비구들도 근처에서 수행하고 있었다. 그들은 모두 모든 경經을 이해하여 법의 뜻을 잘 설명할 수 있는 자들이었다.

존자 아난阿難과 많은 비구들도 근처에서 수행하고 있었다. 그들은 모두 많이 듣고 다 기억하는 자들이었다.

라후라羅睺羅와 많은 비구들도 근처에서 수행하고 있었다. 그들은 모두 계율을 잘 지키는 자들이었다.

제바달다提婆達多와 많은 비구들도 근처에서 수행하고 있었다. 그들은 모두 온갖 악행을 익히는 자들이었다.

이것을 일러 비구가 항상 경계와 함께하며 경계와 화합하는 것이라고 한다. 그러므로 비구들아, 갖가지 모든 경계를 잘 분별해야 하느니라."

부처님께서 이렇게 말씀하시자, 비구들이 부처님의 말씀을 듣고 기뻐하며 받들어 행하였다.

1-6.
존자 바기사, 붓다와 제자들을 칭송하다

이와 같이 나는 들었다. 부처님께서 사위성 기수급고독원에 머무르실 때였다. 여러 상좌 비구들은 부처님을 모시고 좌우에 서 있었다. 존자 아야교진여, 존자 마하가섭, 존자 사리불, 존자 마하목건련, 존자 아나율타, 존자 이십억이, 존자 타라표마라자, 존자 바나가바사, 존자 야사사라가비하리, 존자 부루나, 존자 분타단니가 등이었고, 그 밖의 다른 상좌 비구들도 부처님을 모시고 좌우에 서 있었다. 그때 사위성 동쪽 동산 녹자모鹿子母 강당에 있던 존자 바기사婆耆舍가 이렇게 생각했다. '오늘 세존께서 사위성 기수급고독원에 계시고, 여러 상좌 비구들은 부처님을 모시고 좌우에 서 있다. 나는 지금 당장 세존께서 계신 곳으로 가서 사람마다 게송 하나씩을 지어 여러 상좌 비구들을 찬탄하리라.' 그리고는 부처님 계신 곳으로 나아가 부처님의 발에 머리를 조아리고 한쪽으로 물러나 앉아 게송을 읊었다.

으뜸가는 상좌 비구들
온갖 탐욕 이미 다 끊고
일체 세간의 쌓이고 쌓인 번뇌
그 모든 것을 완전히 벗어났네

지혜는 깊으나 말은 적으며
용맹스럽게 부지런히 방편에 힘쓰며
도덕은 맑고 밝게 드러났기에
머리 조아려 지금 나는 예배하네

모든 원수 악마를 다 물리치고
시끄럽고 속된 무리 멀리 여의며
다섯 가지 욕망에 얽매이지 않고
언제나 고요하고 한가함 익혀
맑고 빈 마음에 욕심 없으시기에
머리 조아려 나는 이제 예배하네

차라연遮羅延의 훌륭한 종족
선정에 들어 게으르지 않고

마음으로 삼매를 좋아하면서
맑고 깨끗하게 번뇌를 여의고
슬기로운 분별력으로 깊은 뜻 드러내기에
그러므로 머리 숙여 예배드리네

그가 얻은 신통과 지혜
모든 신통의 힘을 초월하고
여섯 가지 신통 있는 대중들
자유자재로 두려움 없어
그 신통 가장 훌륭하기에
그러므로 머리 숙여 예배드리네

삼천대천三千大千 저 세계 안에
다섯 세계에 태어난 중생들로부터
나아가 범천 세계에 이르기까지
하늘과 사람들의 우세하고 열등한 것
깨끗한 깨달음의 눈으로 다 보기에
그러므로 머리 숙여 예배드리네

부지런한 노력과 방편의 힘으로
모든 탐애의 쌓임을 끊고
나고 죽는 그물을 찢어 없애며

마음은 언제나 바른 법을 좋아하네

구하고 바라는 모든 생각 여의고
저 언덕으로 뛰어 건너가
맑고 깨끗하여 번뇌가 없기에
그러므로 머리 숙여 예배드리네

그 어떤 두려움도 아주 여의어
의지함 없고 재물을 떠나
마음으로 흡족할 줄 알고 의혹을 끊고
모든 악마와 원수를 물리치고
몸을 생각하되 청정한 것을 관찰하기에
그러므로 머리 숙여 예배드리네

그 어느 세상의 어떤 번뇌도
조그만 가시숲도 남음이 없고
어떤 결박도 모두 풀어 버리고
세 가지 존재의 인연 끊었네

정밀하게 다루어져 모든 번뇌를 없애고
최상의 지혜 광명으로 밝게 비치며
어두운 숲을 떠나갔기에

그러므로 머리 숙여 예배드리네

의지하고 살던 집을 버리고
허깨비, 거짓, 어리석음, 성냄 없애며
모든 애욕과 기쁨함을 길들여 물리치고
온갖 삿된 견해를 멀리 벗어나
맑고 깨끗하고 한 점 티도 없기에
그러므로 머리 숙여 예배드리네

그 마음 자유로이 움직이되
단단하고 튼튼하여 흔들림 없고
지혜와 큰 덕의 힘은
물리치기 어려운 악마를 물리치고
무명의 큰 번뇌를 끊어 없앴기에
그러므로 머리 숙여 예배드리네

모든 어둠 여읜 큰 어른이시고
깨달음 얻으신 석가모니 높으신 분
바른 법으로 때와 허물 여의고
큰 광명 스스로 밝게 나타내어
일체 세계를 두루두루 비추기에
그러므로 부처라 부른다네

지신과 허공과 하늘과
삼십삼천의 천신들
그 광명을 모두 가렸으니
그러므로 부처라 부른다네

나고 죽는 세계를 다 벗어나고
모든 중생을 멀리 뛰어넘으며
부드럽고 연약한 마음을 길들여
최고의 진리를 깨달으셨네

결박이란 결박은 모두 끊어 버리고
모든 외도를 다 굴복시키며
일체의 악마 원수 다 물리치고
위없는 바른 진리 증득證得하여
모든 티끌과 때를 제거하였기에
그러므로 머리 숙여 예배드리네

존자 바기사가 게송으로 찬탄하니 모든 비구들은 그
의 말을 듣고 매우 기뻐하였다.

1-7.
지혜의 빛으로 서로를 물들이다 :
사리불과 목건련

이와 같이 나는 들었다. 부처님께서 사위성 기수급고독원에 계실 때였다. 존자 사리불, 존자 대목건련, 존자 아난은 왕사성 가란다죽원에서 한 방에 머물고 있었다. 존자 사리불이 새벽에 존자 목건련에게 말했다.

"기이합니다. 존자 목건련이여, 당신은 오늘밤 적멸삼매寂滅三昧에 머물러 계셨습니다."

존자 목건련이 사리불에게 말했다.

"저는 당신의 숨소리도 전혀 듣지 못했는데요. 저는 적멸삼매가 아니라 거친 삼매에 머물렀을 뿐입니다. 존자 사리불이여, 저는 오늘밤에 세존과 말씀을 나누었습니다."

존자 사리불이 말했다.

"목건련이여, 세존께서 계시는 사위성 기수급고독원

은 여기서 아주 먼 거리인데 어떻게 말을 할 수 있단 말입니까? 당신은 지금 죽원정사에 있는데 어떻게 함께 말씀을 나눌 수 있단 말입니까? 당신이 신통력으로 세존이 계신 곳까지 갔습니까? 아니면 세존께서 신통력으로 당신이 있는 곳으로 오셨습니까?"

존자 목건련이 말했다.

"제가 신통력으로 세존이 계신 곳까지 가지도 않았고, 세존께서 신통력으로 제가 있는 곳으로 오시지도 않았습니다. 그러나 세존과 저는 깨달음의 눈과 귀를 얻었기 때문에 사위성과 왕사성의 중간에서 말씀을 들었습니다. 저는 세존께 여쭈었습니다. '어떤 것을 꾸준한 정진이라고 합니까?'

그랬더니 세존께서 말씀하시기를, '목건련아, 만일 비구가 낮에 거닐거나 혹은 앉아서 장애되지 않는 법으로 스스로 그 마음을 깨끗하게 하며, 초저녁에도 앉거나 거닐면서 장애되지 않는 법으로 스스로 그 마음을 깨끗하게 하며, 한밤중에는 방 밖에 나가 발을 씻고 도로 방에 들어와 오른쪽 옆구리를 땅에 붙이고 누워 두 발을 포개고, 밝아 오는 모양에 생각을 매어 두고, 바른 기억과 바른 앎으로 사유를 일으키다가, 새벽이 되면 천천히 깨고 천천히 일어나 혹은 앉고 혹은 거닐면서 장애되지 않는 법으로 스스로 그 마음을 깨끗하게 한다면, 목건련아, 이것을 비구의 꾸준한 정진이라 한다'라고 하셨습니다."

"당신 대목건련께서는 참으로 큰 신통력과 큰 공덕력을 쓰며 편안히 앉아 계십니다. 저도 큰 힘으로써 당신과 함께할 수 있었습니다. 목건련이여, 비유하면 어떤 사람이 작은 돌 하나를 가져다 큰 산에 던지면 그 빛깔이 큰 산과 같아지듯, 저도 존자의 큰 힘과 큰 덕과 함께 한자리에 앉을 수 있었습니다. 비유하면, 세간의 곱고 깨끗한 좋은 물건을 사람들이 다 떠받드는 것처럼, 존자 목건련의 큰 덕과 큰 힘은 모든 수행자들이 마땅히 떠받들어야 할 것입니다. 존자 목건련을 만나 교류하면서 가고 오며 공경하고 공양할 수 있는 모든 사람은 크게 이익을 얻을 것입니다. 저 또한 존자 대목건련과 서로 교류하며 오갈 수 있어서 큰 이익을 얻었습니다."

"저는 이제 큰 지혜와 큰 덕이 있는 존자 사리불과 함께 한자리에 앉게 되었습니다. 마치 작은 돌을 가져다 큰 산에 던지면 그 빛깔이 같아지듯이, 저 또한 큰 지혜가 있는 존자 사리불과 한자리에 앉아 두번째 도반이 되었습니다."

두 정사正士는 서로 논의를 마친 후 각각 자리에서 일어나 떠나갔다.

1-8.
붓다의 마하가섭 사랑

이와 같이 나는 들었다. 부처님께서 사위성 기수급고
독원에 계실 때였다. 존자 마하가섭은 오랫동안 사위
성 아련야阿蘭若 : 공한처. 마을에서 떨어져 수행자들이 머물기 적합
한 곳의 평상에 앉아 지내면서 수염과 머리를 기르고
해진 누더기 옷을 입고서 부처님의 처소로 찾아갔다.
세존께서는 많은 대중들에게 둘러싸여 설법을 하고
계셨다. 존자 마하가섭이 멀리서 오는 것을 본 비구
들은 그를 업신여기는 마음에 이렇게 말했다.
"저이는 어떤 비구이기에 저리도 누추한 옷을 입고
품위 없이 옷자락을 펄럭이며 오고 있는가?"
세존께서는 비구들의 생각을 아시고는 마하가섭에
게 말씀하셨다.
"잘 왔구나, 가섭아. 여기 자리 반을 비워 두었으니

이곳에 앉아라. 나는 이제야 누가 먼저 출가했는지를 알겠구나. 네가 먼저 출가했는지 내가 먼저 출가했는지를 말이다."

그곳에 있던 비구들은 두려운 마음에 온몸의 털이 곤두섰다. 그러고는 서로 수군거렸다.

"여러분, 이상합니다. 아마도 저 존자 마하가섭에게는 큰 덕과 큰 힘이 있는 모양입니다. 그는 우리 스승의 제자인데도 스승께서 자리의 반을 내주시며 앉으라고 청하시니 말입니다."

그때 존자 마하가섭이 합장을 하고 부처님께 말씀드렸다.

"세존이시여, 부처님께서는 저의 스승이시고, 저는 제자입니다."

부처님께서 가섭에게 말씀하셨다.

"그렇다. 나는 너의 스승이고 너는 나의 제자다. 우선 앉아라. 그리고 편히 있거라."

존자 마하가섭이 부처님 발에 머리를 조아려 예를 올리고 한쪽으로 물러나 앉았다. 그때 세존께서 여러 비구들을 경계하여 깨우쳐 주신 후, 존자 마하가섭도 당신이 얻은 훌륭하고 광대한 공덕을 대중에게 알리기 위해 이렇게 말씀하셨다.

"나는 탐욕과 착하지 않은 법을 떠나 전체를 통찰하

고 세밀하게 관찰하는 삼매에 밤낮 없이 머무른다. 마하가섭도 나와 똑같다. 나는 두번째, 세번째, 네번째 삼매에 밤낮 없이 머무르고 마하가섭 역시 나와 똑같다. 나는 내가 원하는 대로 자비, 기쁨, 평정, 허공의 경계, 의식의 경계, 아무 존재도 없는 경계, 생각하는 것도 아니요 생각하지 않는 것도 아닌 경계, 그리고 타인의 마음과 운명과 생사 없는 지혜와 번뇌 없는 지혜를 완전히 갖추어 밤낮으로 머무른다. 가섭 비구 또한 마찬가지다."

이처럼 세존께서 많은 대중들 가운데서 마하가섭의 광대하고 훌륭한 공덕이 당신과 같음을 찬양하시자, 여러 비구들은 부처님의 말씀을 듣고 기뻐하며 받들어 행하였다.

1-9.
총명제일 아난 존자

이와 같이 나는 들었다. 부처님께서 사위성의 기수급
고독원에 계실 때였다. 세존께서 비구들에게 말씀하
셨다.

"나는 '세간 끝에까지 걸어서 도달한 사람이 있다'고
말하지 않는다. 또, 나는 '세간 끝에까지 걸어서 도달
하지 않고도 괴로움을 완전히 벗어난 사람이 있다'고
도 말하지 않는다."

이와 같이 말씀하신 뒤에 방으로 들어가 좌선하셨다.
그러자 많은 비구들이 서로 의논했다.

"세존께서는 조금 전에 '나는 세간 끝에까지 걸어서
도달한 사람이 있다고 말하지 않는다. 또, 나는 세간
끝에까지 걸어서 도달하지 않고도 괴로움을 완전히
벗어난 사람이 있다고도 말하지 않는다'라고 설법하

신 뒤에 방으로 들어가 좌선하고 계신다. 우리는 지금 세존께서 간략하게 말씀하신 법의 뜻을 이해하지 못하고 있다. 이곳에 있는 모든 존자들 중에 누가 세존께서 설법하신 뜻을 우리에게 설명할 수 있을까?"

그러더니 비구들 중 한 명이 이렇게 말했다.

"오직 존자 아난뿐이다. 그는 총명함과 지혜를 모두 지녔고, 언제나 세존을 가장 측근에서 모시고 있으며, 세존께서도 그의 많은 지식과 범행을 찬탄하신다. 그분이라면 우리에게 세존께서 말씀하신 법의 뜻을 자세히 설명할 수 있을 것이다. 존자 아난에게 청해 보자."

비구들은 존자 아난이 있는 곳으로 가서 문안을 한 뒤 한쪽으로 물러앉아, 위의 일을 낱낱이 말하고 아난에게 물었다. 그러자 아난이 비구들에게 말했다.

"자세히 듣고 잘 사색해 보십시오. 여러분들을 위해 설명하겠습니다. 저 세간과 세간의 이름, 세간의 깨달음, 세간의 언어 같은 것들은 다 세간의 작용입니다. 여러분, 눈이 곧 세간이요, 세간의 이름이며, 세간의 깨달음이요, 세간의 언어이니, 이런 것들이 다 세간의 작용입니다. 귀, 코, 혀, 몸, 뜻도 마찬가지입니다. 그러므로 지혜로운 거룩한 제자들은 육입처六入處: 대상을 감각하거나 의식하는 눈, 귀, 코, 혀, 몸, 뜻의 여섯 가지 감각기관 또는 그것의 작용에 대해 그것의 발생, 소멸, 맛들임, 재앙, 벗어남을 사실 그대로 아니, 이것을 거룩한 제자가 세간 끝에까지 이르러 세간을 알며, 세간의 존경을 받고, 세간을 건넌 것이라고 합니다."

그러고는 다시 게송으로 말했다.

> 걸어가는 사람으로서는
> 세계 끝까지 이를 수 없고
> 세계 끝에 이르지 못하면
> 온갖 괴로움 면할 수 없네
>
> 그러므로 저 석가모니를
> 세간을 아는 분이라고 하나니
> 그 분은 능히 세계 끝에 이르셨고
> 모든 범행을 이미 다 이루셨다네
>
> 세계의 끝은 분명히 있고
> 바른 지혜로만 알 수 있는 것
> 깨달음의 지혜로 세간을 통달하셨으니
> 그러므로 저 언덕에 건너갔다 하네

"이와 같습니다. 여러분, 전에 세존께서 간략히 설법

하신 뒤 방으로 들어가 좌선하셨는데, 제가 이제 여러분을 위해 자세히 분별해 설명했습니다."

존자 아난이 이 법을 설명하자 많은 비구들은 그 말을 듣고 기뻐하며 받들어 행했다.

1-10.
모든 것은 이별하고 마는 법:
사리불과 아난

이와 같이 나는 들었다. 부처님께서 왕사성 가란다죽원에 계실 때였다. 존자 사리불이 마갈제마가다국 나라 마을에서 병으로 열반했다. 그를 간호하고 공양했던 순타純陀 사미沙彌는 존자 사리불의 남은 사리舍利를 수습한 뒤, 가사와 발우를 가지고 왕사성으로 갔다. 순타는 발을 씻은 후 존자 아난이 있는 곳으로 가서 그의 발에 예배하고 한쪽으로 물러나 말했다.

"존자여, 저의 화상 존자 사리불께서는 이미 열반하셨습니다. 저는 그분의 사리와 가사와 발우를 가지고 왔습니다."

존자 아난은 순타 사미의 말을 듣고, 부처님께서 계신 곳으로 나아가 말씀드렸다.

"세존이시여, 저는 지금 온몸을 가눌 수 없고, 사방이

캄캄하고 아득하며 말문이 막혀 버렸습니다. 순타 사
미가 제게 찾아와 '화상 사리불이 이미 열반하시어,
그분의 사리와 가사와 발우를 가지고 왔습니다'라고
했기 때문입니다."

부처님께서 말씀하셨다.

"어떠하냐? 아난아, 그 사리불이 계행의 몸[戒身]으로
열반하였느냐? 선정의 몸[定身], 지혜의 몸[慧身], 해탈
의 몸[解脫身], 해탈지견의 몸[解脫知見身]*으로 열반하였
느냐?"

"아닙니다. 세존이시여."

"그렇다면 법을 스스로 깨달아 등정각等正覺을 이루
고 사념처四念處, 사정단四正斷, 사여의족四如意足, 오근五
根, 오력五力, 칠각지七覺支, 팔도지八道支를 가지고 열반
하였느냐?"**

---

* 오분법신(五分法身): 부처와 아라한이 갖춰야 하는 다섯 가지 공덕. 계신(戒身)
은 행동과 말이 청정한 것, 정신(定身)은 모든 형상은 인연 따라 생기므로 불변
의 실체가 없고, 차별은 없으며, 원하고 구할 것은 없다고 관조하는 것. 혜신(慧
身)은 바르게 보고 바르게 아는 것, 해탈신(解脫身)은 지혜를 갖추어 무지에서
벗어나는 것이며, 해탈지견신(解脫知見身)은 자기가 이미 해탈했음을 아는 지혜
이다.

** 사념처(四念處): 마음을 깨어 있게 하는 네 가지 수행법으로 신념처(身念處),
수념처(受念處), 심념처(心念處), 법념처(法念處)가 있다. 각각 신체, 느낌, 마음,
모든 현상을 그대로 통찰하여 진리를 깨닫는 것이다.
사정단(四正斷): 사정근(四正勤)이라고도 함. 이미 일어난 악법은 끊고[斷斷], 계
율을 잘 지켜 아직 생겨나지 않은 악법을 생겨나지 않게 하고[律儀斷], 바른 도

"아닙니다. 그러나 세존이시여, 비록 그 어느 것도 가지고 열반하진 않으셨지만, 존자 사리불께서는 계를 지니고 많이 들었으며, 욕심이 적어 만족할 줄 아셨고, 항상 세간을 멀리하며 수행하고, 방편으로 꾸준히 힘썼으며, 생각을 거두어 편안히 머물고, 한마음으로 선정에 들어, 민첩하고 날랜 지혜, 깊고 예리한 지혜, 초월하는 지혜, 분별하는 지혜, 큰 지혜, 넓은 지혜, 매우 깊은 지혜, 비할 바 없는 지혜의 보배를 성취하시어, 보이고 가르치고 비추고 기쁘게 하고 잘 칭찬하면서 대중을 위해 설법하셨습니다. 그러므로 세존이시여, 저는 법을 위하고 법을 받은 이를 위해 근심하고 괴로워한 것입니다."

를 닦아 아직 생겨나지 않은 선법을 생겨나게 하고[隨護斷], 이미 생겨난 선법을 지속하고 증장시키려고 노력하는 것[修斷].

사여의족(四如意足): 뛰어난 삼매를 획득하려고 욕구하고 노력하여 마음을 잘 다스리고, 지혜로써 사유하고 관찰하는 것. 욕(慾), 염(念), 정진(精進), 사유(思惟)의 네 가지를 수행하는 것.

오근(五根): ① 다섯 가지 감각기관. 눈[眼根], 귀[耳根], 코[鼻根], 혀[舌根], 몸[身根]. ② 깨달음에 이르게 하는 다섯 가지 능력. 신근(信根), 정진근(精進根), 염근(念根), 정근(定根), 혜근(慧根).

오력(五力): 오근②의 구체적 활동을 가리킴.

칠각지(七覺支): 깨달음에 이르는 갈래라는 뜻. 염(念), 택법(擇法), 정진(精進), 희(喜), 경안(輕安), 정(定), 사(捨)가 바로 그것.

팔도지(八道支): 곧 팔성도(八聖道)를 가리킴. 정견(正見), 정사유(正思惟), 정어(正語), 정업(正業), 정명(正命), 정정진(正精進), 정념(正念), 정정(正定)이 바로 그것.

"근심하거나 괴로워 말라. 앉고 일어나거나 생겨나는 일들은 무너지고야 마는 법이니 어찌 무너지지 않을 수 있겠느냐? 아무리 무너지지 않게 하려 한들 그것은 있을 수 없는 일이다. 내가 전에 말한 것처럼, 사랑스러운 모든 사물과 마음에 드는 것을 비롯해 일체의 것은 다 어긋나고 이별하게 되는 법으로, 늘 존재할 수는 없다. 비유하면 뿌리, 줄기, 가지, 잎, 꽃, 열매가 무성한 큰 나무에서 먼저 큰 가지가 부러지는 것처럼, 또 큰 보배산에서 큰 바위가 먼저 무너지는 것처럼, 여래의 대중들 중에서 저 큰 수행자가 먼저 반열 반般涅槃 : 멸도. 육신의 완전한 소멸한 것이다. 만일 그곳이 사리불이 머물고 있던 곳이면, 그곳에서 내가 해야 할 일은 없었다. 그처럼 그곳에서 나는 공허하지 않았으니, 그건 사리불이 있었기 때문이었고 내가 이미 그에게 말했기 때문이었다.

아난아, 내가 말했듯이 사랑스럽고 갖가지 마음에 드는 것들은 다 이별하기 마련이니, 너무 근심하거나 괴로워하지 말라. 아난아, 마땅히 알아야 한다. 여래 또한 오래지 않아 가 버리고 말 것이다. 그러므로 아난아, 마땅히 자기를 바다 가운데 섬으로 삼아 자기를 의지하고, 법을 섬으로 삼아 법을 의지하며, 다른 것을 섬으로 삼지 말고 다른 것을 의지하지 말라."

"세존이시여, 자기를 섬으로 삼아 자기를 의지하는 것이 무엇입니까? 법을 섬으로 삼아 법을 의지하는 것은 무엇입니까? 다른 것을 섬으로 삼지 않고 다른 것에 의지하지 않는 것이란 또 무엇입니까?"

"비구라면 몸을 몸 그대로 관찰하는 생각의 경지에서 방편으로 꾸준히 힘써, 바른 지혜와 바른 기억으로 세간의 탐욕과 근심으로부터 자유로워야 한다. 바깥의 몸과 안팎의 몸, 느낌, 마음도 마찬가지며, 법을 법 그대로 관찰하는 생각의 경지에 있어서도 이와 같다. 아난아, 이것을 일러 '자기를 섬으로 삼아 자기를 의지하고, 법을 섬으로 삼아 법을 의지하며, 다른 것을 섬으로 삼지 말고 다른 것에 의지하지 말라'고 하는 것이다."

부처님께서 이 경을 말씀하시자, 비구들은 부처님 말씀을 듣고 기뻐하며 받들어 행하였다.

1-11.
붓다의 마지막 가르침을 들은 수발다라

이와 같이 나는 들었다. 부처님께서 구이나갈국俱夷那竭國의 역사力士가 태어난 곳인 견고쌍수림堅固雙樹林 안에 계실 때였다. 세존께서 반열반하실 때가 되자 존자 아난에게 말씀하셨다.

"너는 세존을 위해 두 그루 나무 사이에 북쪽으로 머리를 둘 수 있게끔 자리를 펴라. 여래가 오늘밤에 무여열반無餘涅槃: 번뇌와 육신이 모두 소멸된 죽음의 상태으로 반열반할 것이다."

존자 아난은 분부를 받들어 두 그루 나무 사이에 북쪽으로 머리를 둘 수 있게 자리를 펴고, 부처님께서 계신 곳으로 가서 부처님 발에 머리를 조아린 후, 한쪽으로 물러나 앉아 부처님께 말씀드렸다.

"세존이시여, 두 그루 나무 사이에 북쪽으로 머리를

두실 수 있도록 자리를 폈습니다."

그러자 세존께서 두 그루 나무 사이로 가서 자리에 올라 북쪽으로 머리를 두고 오른쪽 옆구리를 땅에 대고 누워 두 발을 서로 포개고, 밝아지는 생각에 마음을 두고 바른 기억과 바른 지혜로 계셨다. 그때 구이나갈국에는 수발다라須跋陀羅라는 출가 수행자가 있었는데, 그는 120세나 되는 늙은이로서 마치 아라한처럼 구이나갈국 사람들의 존경과 공양을 받고 있었다. 그는 세존께서 오늘밤 반열반하신다는 말을 듣고는 생각했다. '내게 묻고 싶은 게 있으니, 바라건대 세존께서 조금만 더 머물러 계셨으면. 사문 구담께서는 능력이 있으시니 나를 잘 깨우쳐 주실 것이다. 나는 지금 당장 사문 구담께서 계신 곳으로 가서 내가 의심하고 있는 일들을 여쭈어 보리라.' 그러고는 세존을 찾아갔다.

그때 존자 아난이 동산 밖을 거닐고 있었는데 수발다라가 아난에게 말했다.

"저는 사문 구담께서 오늘 밤 무여열반으로 반열반하신다는 말을 들었는데, 제게 의문점이 있어 세존께서 좀더 머물러 계시기를 바랍니다. 그분께서는 능력이 있으시니 저를 깨우쳐 주실 수 있을 것입니다. 수고스러우시겠지만, 아난께서 저를 위해 구담께 가셔서 잠깐 틈을 내어 제 질문에 답해 주실 수 있는지 여쭈어 주시겠습니까?"

아난이 대답했다.

"세존을 괴롭히지 마십시오. 세존께서는 몹시 피로하십니다."

수발다라가 아난에게 여러 번 간청했으나 아난은 계속 거절했다. 그때 세존께서 신통력으로 아난과 수발다라가 서로 주고받는 말을 들으시고는 존자 아난에게 말씀하셨다.

"수발다라 출가 수행자를 막지 말라. 들어와 그 의문점을 묻게 하라. 이것은 출가 수행자들과 나누는 마지막 대화일 것이요, 그가 맨 마지막 성문聲聞: 붓다의 설법을 들은 출가 수행자이 될 것이기 때문이다."

수발다라는 세존께서 착한 근기를 열어 주시겠다는 말을 듣고 벅찬 기쁨으로 세존께서 계신 곳으로 가서 문안인사를 여쭌 후 한쪽으로 물러나 앉아 부처님께 말씀드렸다.

"구담이시여, 세상의 지도자인 부란나가섭 등 여섯 스승들은 '내가 사문이다, 내가 사문이다'라고 저마다 그렇게 주장합니다. 어떻습니까? 과연 그러한 주장들이 옳습니까?"

그러자 세존께서 게송으로 답하셨다.

내 나이 스물아홉에
비로소 출가하여 훌륭한 도를 닦아
도를 성취한 오늘날까지
이미 오십여 년이나 지났네
삼매와 지혜와 행을 갖추고
언제나 깨끗한 계율을 닦았으니
조금이라도 이 도를 벗어나면
이밖에는 어디에도 사문이 없노라

부처님께서 수발다라에게 말씀하셨다.
"우리의 바른 법과 율 안에서 바른 깨달음의 길을 얻지 못한 사람은 첫째 사문도 되지 못하고, 둘째, 셋째, 넷째 사문도 되지 못한다. 수발다라야, 우리 법과 율 안에서 바른 깨달음의 길을 얻은 사람이라야 첫째 사문도 되고, 둘째, 셋째, 넷째 사문도 될 수 있다. 이것을 제외하고는 사문은 없다. 그것은 이름만 사문 바라문일 뿐이다. 그러므로 나는 대중들에게 사자처럼 당당히 외치노라."
이렇게 설법하시자 수발다라 출가 수행자는 티끌과 때를 제거하고 법안法眼이 깨끗해졌다. 그러고는 법을 보아 법을 얻고 법을 알아 법에 들어갔다. 모든 의심에서 벗어나 다른 믿음을 의지하지 않고, 남의 제도를 받지 않으며, 바른 법과 율 안에서 두려움이 없게 되었다. 그는 자리에서 일어나 옷을 바르게 여민 후 오른 무릎을 땅에 대고 존자 아난에게 말했다.

"당신은 좋은 이익을 얻었습니다. 당신은 큰 스승을 얻었습니다. 당신은 큰 스승의 제자가 되어 큰 스승께서 내리시는 법의 비를 머리에 맞았습니다. 저도 지금 바른 법과 계율 안에서 출가하여 구족계具足戒: 비구와 비구니가 지켜야 할 계율를 받아 비구의 신분을 얻으면 좋은 이익을 얻을 수 있을 것입니다."

그러자 존자 아난이 부처님께 아뢰었다.

"세존이시여, 수발다라 출가 수행자가 우리 법과 율 안에서 출가하여 구족계를 받고 비구 신분이 되기를 원합니다."

그러자 세존께서 수발다라에게 말씀하셨다.

"비구야, 와서 범행을 닦아라."

그러자 존자 수발다라는 출가하여 구족계를 받고 비구 신분이 되었으며, 마음이 잘 해탈하여 아라한이 되었다. 아라한이 된 존자 수발다라는 해탈의 즐거움을 깨닫고 이렇게 생각했다. '나는 차마 부처님께서 반열반하시는 것을 보지 못하겠다. 내가 먼저 반열반 하리라.' 존자 수발다라가 먼저 반열반한 뒤 세존께서도 반열반하셨다.

낭송Q시리즈 동청룡
낭송 아함경

2부
붓다의 가르침 : 고, 무상, 무아

2-1.
모든 것은 무상하다

(1)

이와 같이 나는 들었다. 부처님께서 사위성 기수급고
독원에 계실 때였다. 세존께서 비구들에게 이렇게 말
씀하셨다.

"물질[色: 색깔과 형체를 지닌 모든 물질적 존재]은 무상하다고
관찰하라. 이렇게 관찰하는 것이 바른 관찰이다. 바
르게 관찰하면 곧 싫어하여 떠날 마음이 생기고, 싫
어하여 떠날 마음이 생기면 기뻐하고 탐하는 마음이
없어지며, 기뻐하고 탐하는 마음이 없어지면 이것을
마음이 해탈했다고 한다. 이와 같이 느낌[受], 생각[想],
의도[行], 인식[識]*도 무상하다고 관찰하라. 이렇게 관

---

*수(受): 괴로움이나 즐거움 등을 느끼는 감수(感受) 작용.

찰하는 것이 바른 관찰이다. 바르게 관찰하면 싫어하여 떠날 마음이 생기고 싫어하여 떠날 마음이 생기면 기뻐하고 탐하는 마음이 없어지며 기뻐하고 탐하는 마음이 없어지면 이것을 마음이 해탈했다고 한다. 비구들아, 이와 같이 마음이 해탈한 사람은 깨달아 얻고자 하면 바로 깨달아 얻을 수 있으니, '나의 생은 이미 다하고, 청정한 행실도 바로 섰으며, 할 일을 이미 마쳐 후세의 몸을 받지 않는다'고 스스로 알게 된다. '무상하다'고 관찰한 것과 같이, '그것들은 괴로움이요, 공하며, 나[我]가 아니다'라고 관찰하라."

그러자 비구들은 부처님의 말씀을 듣고 기뻐하며 받들어 행하였다.

(2)

이와 같이 나는 들었다. 부처님께서 사위성 기수급고독원에 계실 때였다. 그때 세존께서 비구들에게 말씀하셨다.

상(想) : ① 대상에 이름을 부여하고, 다양한 개념을 지어내는 의식 작용. ② 생각·관념·의식 작용·마음 작용.
행(行) : 무명(無明)으로 일으키는, 의도(意圖)하고 지향하는 의식 작용. 무명에 의한 의지력·충동력·의욕.
식(識) : 식별하고 판단하는 마음 작용·인식 작용·인식 주관.

"색에 대해서 알지 못하고, 밝지 못하며, 끊지 못하고, 탐욕을 떠나지 못해 마음이 거기서 해탈하지 못하면, 그는 태어남, 늙음, 병듦, 죽음에 대한 두려움에서 벗어날 수 없다. 마찬가지로 느낌, 생각, 의도, 인식에 대해 알지 못하고, 밝지 못하며, 끊지 못하고, 탐욕을 떠나지 못해 마음이 거기서 해탈하지 못하면, 그는 태어남, 늙음, 병듦, 죽음에 대한 두려움을 초월할 수 없다.

비구들아, 만일 색에 대해 잘 알고, 밝으며, 잘 끊고, 탐욕을 떠난다면, 그는 태어남, 늙음, 병듦, 죽음에 대한 두려움을 초월할 수 있다. 마찬가지로 느낌·생각·의도·인식에 대해서도 잘 알고, 밝으며, 잘 끊고, 탐욕을 떠나 마음이 거기서 해탈한다면, 그는 태어남, 늙음, 병듦, 죽음에 대한 두려움에서 벗어날 수 있을 것이다."

그러자 비구들은 부처님의 말씀을 듣고 기뻐하며 받들어 행하였다.

2-2.
법의 수레바퀴를 굴리다 : 사성제

이와 같이 나는 들었다. 부처님께서 바라내波羅㮈:마가
다국 서북쪽에 있던 나라의 선인이 살던 녹야원鹿野苑에 계
실 때였다. 세존께서 다섯 비구들에게 말씀하셨다.
"이 괴로움에 대한 성스러운 진리[苦聖諦]는 과거에 일
찍이 들어보지 못한 법이니 마땅히 바르게 사유하라.
그러면 눈과 지혜와 밝음과 깨달음이 생길 것이다.
이 괴로움의 발생, 괴로움의 소멸, 괴로움의 소멸에
이르는 길에 대한 성스러운 진리는 과거에 일찍이 들
어보지 못한 법이니 마땅히 바르게 생각하라. 그러면
눈과 지혜와 밝음과 깨달음이 생길 것이다. 괴로움에
대한 성스러운 진리에 관한 지혜도 마땅히 알아야 한
다. 이것도 과거에 일찍이 들어보지 못한 법이니 마땅
히 바르게 사유하라. 그러면 눈과 지혜와 밝음과 깨

달음이 생길 것이다.

괴로움의 발생에 대한 성스러운 진리[集聖諦]를 이미 알았으면 마땅히 끊어야 한다. 이것도 과거에 일찍이 들어보지 못한 법이니 마땅히 바르게 생각하라. 그러면 눈과 지혜와 밝음과 깨달음이 생길 것이다. 다음으로 괴로움의 발생을 소멸하는 것[滅聖諦]을 알아야 하고, 괴로움의 소멸에 대한 성스러운 진리를 이미 알았으면 마땅히 깨달아 얻어야 한다. 이것도 과거에 들어보지 못한 법이니 마땅히 바르게 생각하라. 그러면 눈과 지혜와 밝음과 깨달음이 생길 것이다. 괴로움의 소멸에 이르는 길에 대한 성스러운 진리를 이미 알았으면 마땅히 닦아야 한다. 이것도 과거에 일찍이 들어보지 못한 법이니 마땅히 바르게 생각하라. 그러면 눈과 지혜와 밝음과 깨달음이 생길 것이다.

비구들아, 다음으로는 괴로움에 대한 성스러운 진리를 이미 알고 벗어났다는 것[道聖諦]을 알아야 한다. 이것도 들어보지 못한 법이니 마땅히 바르게 생각하라. 그러면 눈과 지혜와 밝음과 깨달음이 생길 것이다. 이는 괴로움의 발생에 대한 성스러운 진리를 이미 알고 끊어서 벗어난 것이다. 이것도 들어보지 못한 법이니 마땅히 바르게 생각하라. 그러면 눈과 지혜와 밝음과 깨달음이 생길 것이다. 이는 괴로움의 소멸에 대한 성스러운 진리를 이미 알고 깨달아 얻어 벗어난 것이다. 이것도 들어보지 못한 법이니 마땅히 바르게 생각하라. 그러면 눈과 지혜와 밝음과 깨달음이 생길 것이다. 이는 또 괴로움의 소멸에 이르는 길에 대한 성스러운 진리를 이미 알고 이미 닦아 벗어난 것이다. 이것은 일찍이 들어보지 못한 법이니 마땅히 바르게 생각하라. 그러면 눈과 지혜와 밝음과 깨달음이 생길 것이다.

비구들아, 내가 이 네 가지 진리[四聖諦]를 그 원인, 소멸, 소멸에 이르는 길로 나누어 설명한 것에 대하여 눈과 지혜와 밝음과 깨달음이 생기지 않았다면, 나는 끝내 모든 하늘, 악마, 사문沙門: 출가 수행자를 통틀어 이르는 말, 바라문 등 법을 듣는 대중들 가운데서 해탈하지도 벗어나지도 떠나지도 못했을 것이요, 또한 스스로 아뇩다라삼먁삼보리阿耨多羅三藐三菩提: 무상정등각. 부처의 깨달음의 경지를 나타내는 말를 깨달아 얻지도 못했을 것이다. 나는 이미 네 가지 진리를 세 번 굴린 12행에 대해 눈과 지혜와 밝음과 깨달음이 생겼기 때문에 모든 하늘, 악마, 사문, 바라문 등 법을 듣는 대중 가운데서 벗어나게 되었고 해탈하게 되었으며, 스스로 아뇩다라삼먁삼보리를 깨달아 얻게 되었다."

세존께서 이렇게 설법하시자, 존자 교진여憍陳如와 팔

만의 모든 천신들은 티끌을 멀리하고 때를 제거하여
법안法眼이 깨끗해졌다.

2-3.
괴롭고 병든 몸에서
괴롭지도 병들지도 않는 마음을 닦아라

이와 같이 나는 들었다. 부처님께서 바지국婆祇國 설수바라산設首婆羅山의 녹야원 깊은 숲 속에 계실 때였다. 나구라那拘羅 장자長者는 120세가 되어 감각기관이 허물어지고 파리하고 쇠약하여 병으로 괴로워했다. 그럼에도 불구하고 그는 세존과 비구들을 뵙고 싶어 부처님 계신 곳으로 찾아와 발에 예배하고 한쪽으로 물러나 앉아 부처님께 말씀드렸다.

"세존이시여, 저는 나이 많고 쇠약하여 병으로 괴로워하면서도 스스로 애를 써서 세존과 비구들을 뵈러 왔습니다. 원컨대 저를 위해 설법하시어 오랜 세월 안락할 수 있게 해주소서."

그러자 세존께서 대답하셨다.

"훌륭하구나, 장자여. 너는 실로 나이가 많아 감각기

관이 허물어지고 쇠약하여 병으로 괴로워하면서도 스스로 애를 써서 나와 비구들을 찾아왔구나. 장자여, 마땅히 알라. 괴롭고 병든 몸에서 항상 괴롭지도 병들지도 않는 마음을 닦아야 한다."

세존께서는 나구라 장자를 가르치고, 그를 기쁘게 해주신 뒤 잠자코 계셨다. 나구라 장자는 부처님의 말씀을 듣고 기뻐하면서 인사하고 물러갔다.

이때 존자 사리불은 세존에게서 멀지 않은 어떤 나무 밑에 앉아 있었다. 나구라 장자는 존자 사리불이 있는 곳으로 가서 머리를 조아리고 그의 발에 예배한 다음 한쪽으로 물러나 앉았다. 그러자 존자 사리불이 물었다.

"지금 그대는 모든 감각기관에 기쁨이 넘치고 얼굴빛이 환합니다. 세존께 어떤 깊은 법을 들었습니까?"

"오늘 세존께서는 저를 위해 설법하고 가르쳐 저를 기쁘게 해주셨습니다. 감로甘露 같은 법으로 제 몸과 마음을 적셔 주셨습니다. 그래서 모든 감각기관에 기쁨이 넘치고 얼굴빛이 환한 것입니다."

"세존께서 그대에게 무엇을 설법하고 가르쳐 기쁘게 해주셨고, 어떤 감로와 같은 법으로 윤택하게 해주셨습니까?"

"저는 아까 세존께서 계시는 곳으로 가서 '저는 나이

많고 쇠약하여 병으로 괴로워하면서도 스스로 애를 써서 세존과 비구들을 뵈러 왔습니다'라고 말씀드렸습니다. 그랬더니 세존께서는 제게 '훌륭하구나, 장자여. 너는 실로 나이 많고 쇠약하여 병으로 괴로워하면서도 능히 스스로의 힘으로 나와 비구들을 보러 왔구나. 너는 지금 그 괴롭고 병든 몸에서 항상 괴롭지도 병들지도 않는 마음을 닦아야 한다'고 말씀하셨습니다. 세존께서는 설법으로 저를 기쁘게 해주셨고, 감로로써 윤택하게 해주셨습니다."

존자 사리불이 물었다.

"그대는 왜 '어떤 것이 몸도 병들어 괴롭고 마음도 병들어 괴로운 것이며, 어떤 것이 몸은 병들어 괴롭지만 마음은 병들지도 괴롭지도 않은 것입니까'라고 다시 여쭙지 않았습니까?"

장자가 대답했다.

"그래서 존자를 찾아 온 것입니다. 제게 그 법의 요점을 말씀해 주십시오."

존자 사리불이 대답했다.

"훌륭합니다, 장자여. 이제 자세히 들으십시오. 그대를 위해 설명하겠습니다. 어리석은 범부들은 색의 발생과 색의 소멸과 색의 재앙과 색에 맛들임과 색에서 벗어남을 사실 그대로 알지 못합니다. 사실 그대로 알지 못하기 때문에 색을 사랑하고 즐거워하여 '색은 나다. 이것은 내 것이다'라고 말하면서 그것을 거두 어 취하다가 만일 그 색이 무너지거나 달라지면 마음 도 그에 따라 움직여 고통과 번민이 생깁니다. 고통 과 번민이 생긴 뒤에는 두려워하고 마음이 막히며 돌 아보고 근심하며 잊지 못합니다. 느낌·생각·의도·인 식에 있어서도 마찬가지니, 이것을 '몸과 마음이 괴 롭고 병든 것'이라 합니다.

그렇다면 어떤 것을 '몸은 괴롭고 병들었지만 마음은 괴롭지도 병들지도 않은 것'이라 할까요? 지혜로운 거룩한 제자들은 색의 발생과 색의 소멸과 색에 맛들 임과 색의 재앙과 색에서 벗어남을 사실 그대로 압니 다. 사실 그대로 안 뒤에는 그것을 사랑하거나 즐거 워하지 않으므로 '색은 나다. 이것은 내 것이다'라고 보지 않습니다. 그러므로 그 색이 변하거나 달라지더 라도 마음이 동요하여 괴로움과 번민이 생기지 않습 니다. 마음이 동요하여 괴로움과 번민이 생기는 일이 없으면, 두려워하거나 마음이 막히거나 돌아보거나 애착하지 않습니다. 느낌·생각·의도·인식에 있어서 도 마찬가지니, 이것을 '몸은 괴롭고 병들었으나 마 음은 괴롭지도 병들지도 않은 것'이라 합니다."

존자 사리불이 이렇게 설법하자 나구라 장자는 법안

이 깨끗해졌다. 이제 나구라 장자는 법을 보고 법을 얻고 법을 알고 법에 들어가 모든 의심을 벗어나서 남의 가르침을 받지 않고 바른 법 안에서 마음에 두려움이 없게 되었다. 그는 자리에서 일어나 옷을 여민 다음 공손하게 합장하고 존자 사리불에게 말씀드렸다.

"저는 이제 초월하였고 세간을 건넜습니다. 부처님과 법, 승가에 귀의하여 우바새優婆塞: 속세에 있으면서 불교를 믿는 남자가 되겠습니다. 저를 받아들여 주십시오. 지금부터 목숨이 다할 때까지 삼보三寶: 불·법·승에 귀의하겠습니다."

그러고는 존자 사리불의 설법을 듣고 기뻐하면서 예배하고 물러갔다.

2-4.
무상한 것은 괴로운 것

이와 같이 나는 들었다. 부처님께서 사위성의 기수급
고독원에 계실 때였다. 세존께서 비구들에게 말씀하
셨다.

"무엇이 있기 때문에 무엇이 일어나고, 무엇에 매여
집착하며, 어디서 나를 보게 되는가? 무엇이 중생으
로 하여금 무명에 덮여 자기 머리를 싸매고 먼 길을
내달리면서 생사를 윤회하고, 생사에 흘러 다니면서
돌아갈 본고장을 알지 못하게 하는가?"

비구들이 부처님께 말씀드렸다.

"세존께서는 법의 근본이요, 법의 눈이며, 법의 의지
처이십니다. 훌륭하신 세존이시여, 원컨대 저희들을
가엾이 여겨 그 이치를 자세히 말씀해 주십시오. 저
희들은 그 말씀을 들은 뒤에 마땅히 받들어 행하겠습

니다."

"자세히 듣고 잘 사유하라. 너희들을 위해 설명하겠다. 비구들아, 색이 있기 때문에 색이라는 사건이 일어나고, 색에 매여 집착하며, 색에서 나를 본다. 그래서 중생으로 하여금 무명에 덮여 자기 머리를 싸매고 먼 길을 내달리면서 생사를 윤회하고 생사에 흘러 다니게 하니, 느낌·생각·의도·인식에 있어서도 마찬가지다. 비구들아, 색은 항상한가, 무상한가?"

"무상합니다, 세존이시여."

"무상하다면 그것은 괴로운 것인가?"

"괴로운 것입니다, 세존이시여."

"그와 같이 비구들아, 무상한 것은 괴로운 것이다. 그 괴로움이 있으므로 이 일이 일어나고, 거기에 매여 집착하며, 거기서 나를 본다. 그래서 저 중생들로 하여금 무명에 덮여 그 머리를 싸매고 먼 길을 내달리면서 생사에 윤회하고 생사에 흘러 다니게 하니, 느낌·생각·의도·인식에 있어서도 마찬가지다. 그러므로 비구들아, 존재하는 모든 색은 과거에 속한 것이든 미래에 속한 것이든 현재에 속한 것이든, 안에 있는 것이든 밖에 있는 것이든, 거칠든 미세하든, 아름답든 추하든, 멀리 있는 것이든 가까이 있는 것이든, 일절 나도 아니요 나와 다른 것도 아니며 나와 나 아닌 것이 함께 있는 것도 아니니, 이것을 바른 지혜라 한다. 느낌·생각·의도·인식에 있어서도 마찬가지다. 지혜로운 거룩한 제자들이 보고, 듣고, 냄새 맡고, 맛보고, 접촉하고, 생각하는 모든 것에 대해 '그것은 나가 아니요 내 것도 아니다'라고 관찰한다면, 이와 같이 관찰하는 사람은 부처님에 대한 의심을 끊고 법과 승가에 대한 의심을 끊을 것이니, 이들을 비구라 한다. 지혜로운 거룩한 제자들은 다시는 몸과 입과 뜻의 업을 지어 세 갈래 나쁜 길로 나아가도록 내버려 두지 않으며, 혹 방심하더라도 거룩한 제자들은 결국에는 삼보리三菩提: 바르고 원만한 깨달음로 향하여 일곱 번 천상과 인간을 오간 뒤에 괴로움에서 완전히 벗어날 것이다."

부처님께서 이 경을 말씀하시자, 비구들은 부처님의 말씀을 듣고 기뻐하며 받들어 행하였다.

2-5.
고, 무명, 무지

(1)

이와 같이 나는 들었다. 부처님께서 사위성의 기수급 고독원에 계실 때였다. 세존께서 비구들에게 말씀하셨다.

"비유하면 호수의 너비와 길이가 각각 50유순由旬: 거리의 단위로 1유순은 약 40리이고, 깊이도 그와 같은데, 어떤 사내가 한 털끝으로 그 호수의 물을 찍어 낸다면 어떻겠느냐? 그 호수의 물이 더 많겠느냐, 털끝의 한 방울 물이 더 많겠느냐?"

"세존이시여, 사내의 털끝의 물은 너무도 적습니다. 호수의 물은 한량없는 천만 억 곱이나 많아 비교할 수가 없습니다."

"참다운 이치를 완전히 보고 바른 견해를 완전하게

갖춘 세존의 제자는 참다운 이치의 결과를 단박에 바르게 본다. 그때 그는 괴로움을 끊어야 하는 것인 줄이미 알고, 다라多羅나무 밑동을 끊듯이 그 근본을 끊어 다시는 돋아나지 못하게 한다. 그가 끊은 온갖 괴로움은 한량없이 많아 큰 호수와 같고, 남은 괴로움은 털끝의 물방울과 같다."

부처님께서 이 경을 말씀하시자, 비구들은 부처님의 말씀을 듣고 기뻐하며 받들어 행하였다

(2)

이와 같이 나는 들었다. 부처님께서 왕사성 가란다죽원에 계셨을 때이다. 존자 사리불은 존자 마하 구치라와 함께 기사굴산에 있었다. 존자 마하 구치라는 해질 무렵에 선정에서 깨어나, 존자 사리불이 있는 곳으로 가서 서로 문안을 하고 한쪽으로 물러나 앉아 존자 사리불에게 말했다.

"의문점이 있는데 틈이 있으시면 대답해 주실 수 있겠습니까?"

"당신의 물음을 따라 아는 대로 대답하겠습니다."

"무명無明이라고 말들 하는데, 어떤 것을 무명이라고 합니까?"

"무명이란 앎이 없는 것을 이르는 말이니, 앎이 없으

면 그것을 무명이라고 합니다. 그렇다면 어떤 것을 앎이 없다[無知]고 하는 것일까요? 예컨대 눈은 무상한 것이라는 사실을 있는 그대로 알지 못하는 것을 앎이 없다고 말합니다. 즉, 눈은 나고 멸하는 법에 불과하다고 사실 그대로 알지 못하는 것을 앎이 없다고 하며, 귀, 코, 혀, 몸, 뜻에 대해서도 마찬가지입니다. 존자 마하 구치라여, 이 육촉입처[육입처]를 사실 그대로 알지 못하고 보지 못하며, 빈틈없이 한결같지 못하고 어리석으며, 밝음[明]이 없고 크게 어두운 것, 이를 무명이라 말합니다."

"밝음이라고들 하는데, 어떤 것을 밝음이라 합니까?"

"밝음이란 아는 것을 이르는 말이니, 알면 곧 그것이 밝음입니다. 그렇다면 어떤 것을 안다고 하는 것일까요? 예컨대, 눈은 무상하니, 눈은 무상하다는 것을 있는 그대로 알고, 눈은 나고 멸하는 법이니, 눈은 나고 멸하는 법임을 있는 그대로 아는 것입니다. 귀, 코, 혀, 몸, 뜻에 대해서도 마찬가지입니다. 존자 마하 구치라여, 이 육촉입처에 대해 사실 그대로 알고 보며, 밝게 깨닫고 깨달음으로 인해 지혜로우며 빈틈없이 한결같으면 이를 밝음이라고 말합니다."

두 정사는 들은 것을 서로 주고받고는 기뻐하면서 제각기 자기가 있던 처소로 돌아갔다.

2-6.
부모와 자식을 잃는 두려움

이와 같이 나는 들었다. 부처님께서 사위성의 기수급
고독원에 계실 때였다. 세존께서 비구들에게 말씀하
셨다.

"어머니나 자식이 없어서 두렵다고 하는 말과 어머
니나 자식이 있어서 두렵다고 하는 말은 어리석은 범
부들의 말로서, 어머니나 자식이 없어서 두려운 것이
나 어머니나 자식이 있어서 두려운 것을 알지 못하는
말이다. 비구들아, 어리석은 범부들이 말하길, 어머
니나 자식이 없는 두려움에는 세 가지가 있다.

무엇이 그 세 가지인가? 전쟁이 일어나 나라가 짓밟
히고 백성들이 물결처럼 휩쓸리면 자식은 어머니를
잃고 어머니는 자식을 잃는다. 이것이 어머니나 자식
이 없어서 생기는 첫번째 두려움이니, 이는 어리석

은 범부들의 말이다. 또 큰불이 갑자기 일어나 도시나 시골이 불탈 때, 백성들은 다투어 달아나다가 어머니나 자식을 서로 잃어버린다. 이것이 어머니나 자식이 없는 데서 생기는 두번째 두려움이니, 이 또한 어리석은 범부들의 말이다. 또 어쩌다 산중에 큰비가 내려 홍수가 나서 마을이 떠내려갈 때, 사람들이 다투어 달아나다가 어머니나 자식을 서로 잃어버린다. 이것이 어머니나 자식이 없는 데에서 생기는 세번째 두려움이니, 어리석은 범부들의 말이다. 그러나 사실 이러한 두려움은 어머니나 자식이 있어서 생겨나는 두려움인 것을, 어리석은 범부들은 이를 어머니나 자식이 없는 데서 생겨나는 두려움이라고 한다.

전쟁이 일어나 나라가 짓밟혀 백성들이 물결처럼 휩쓸리다 어머니나 자식이 서로를 잃어버리더라도 때로는 그 어머니와 자식이 서로 만날 수도 있다. 이것은 어머니나 자식이 있는 데서 생겨나는 첫번째 두려움인데도, 어리석은 범부들은 어머니나 자식이 없는 데서 생겨나는 두려움이라고 말한다. 또 큰불이 갑자기 일어나 도시나 시골이 불탈 때, 백성들이 다투어 달아나다가 어머니와 자식이 서로를 잃어버리더라도, 간혹 다시 만날 수도 있다. 이것은 어머니나 자식이 있는 데서 생겨나는 두번째 두려움인데도, 어리석은 범부들은 어머니나 자식이 없는 데서 생겨나는 두려움이라고 말한다. 또 산중에 큰비가 내려 홍수가 나서 마을이 떠내려 갈 때, 사람들이 다투어 달아나다가 어머니와 자식이 서로를 잃더라도, 이내 다시 서로 만날 수가 있다. 이것은 어머니나 자식이 있는 데서 생겨나는 세번째 두려움인데도, 어리석은 범부들은 어머니나 자식이 없는 데서 생겨나는 두려움이라고 한다.

비구들아, 어머니나 자식이 없는 데서 생겨나는 세가지 두려움이 있으니, 이것은 내가 스스로 깨달아 삼보리를 이룬 뒤에 말한 것이다. 무엇이 그 세 가지인가? 어머니가 늙어 가는 자식에게 '얘야, 너는 늙지 마라. 내 너를 대신하리라'라고 말할 수 없고, 또 자식이 늙은 어머니에게 '어머님, 늙지 마십시오. 제가 대신 늙겠습니다'라고 말할 수도 없다. 이것이 어머니나 자식이 없는 데서 생겨나는 첫번째 두려움이니, 내가 스스로 깨달아 삼보리를 이룬 뒤에 말한 것이다. 또 자식이 병이 났을 때 어머니가 '얘야, 아프지 마라. 내 너를 대신하리라'라고 말할 수 없고, 어머니가 병이 났을 때 자식이 '어머니, 아프지 마세요. 제가 어머니를 대신하겠습니다'라고도 말할 수 없다. 이것이 어머니나 자식이 없는 데서 생겨나는 두번째 두려움이니, 내가 스스로 깨달아 삼보리를 이룬 뒤에 말한 것이다. 또 자식이 죽을 때 어머니가 '얘야, 죽지 마라. 내가 너를 대신하리라.'라고 말할 수 없고, 어머니가 죽을 때 자식이 '어머니, 죽지 마세요. 제가 어머니를 대신하겠습니다'라고 말할 수도 없다. 이것이 어머니와 자식이 없는 데서 생겨나는 세번째 두려움이니, 내가 스스로 깨달아 삼보리를 이룬 뒤에 말한 것이다."

그러자 비구들이 부처님께 물었다.

"어떤 길과 방도를 닦아 익히고, 더 많이 닦아 익혀야 앞의 세 가지, 즉 어머니나 자식이 있는 데서 생겨나는 두려움을 끊고, 뒤의 세 가지, 즉 어머니나 자식이 없는 데서 생겨나는 두려움을 끊을 수 있겠습니까?"

부처님께서 말씀하셨다.

"그 세 가지 두려움을 끊을 수 있는 길과 방도가 있다. 어떤 길과 어떤 방도를 닦아 익히고 더 많이 닦아 익혀야 앞의 세 가지, 즉 어머니나 자식이 있는 데서 생겨나는 두려움을 끊고, 또 뒤의 세 가지, 즉 부모나 자식이 없는 데서 생겨나는 두려움을 끊을 수 있겠는가? 바로 여덟 가지 거룩한 길[八正道]의 갈래이니, 바른 견해[正見], 바른 뜻[正思惟], 바른 말[正語], 바른 행위[正業], 바른 생활[正命], 바른 방편[正定進], 바른 생각[正

念], 바른 선정[正定]으로만 그렇게 할 수 있다."

부처님께서 이 경을 말씀하시자, 비구들은 부처님의 말씀을 듣고 기뻐하며 받들어 행하였다.

2-7.
생겨난 모든 것에는 다함이 있다

이와 같이 나는 들었다. 부처님께서 사위성 기수급고
독원에 계실 때였다. 파사닉왕이 지극히 존경하던 할
머니가 갑자기 세상을 떠났다. 파사닉왕은 성 밖으로
나가 할머니를 화장하고 사리에 공양을 마친 후 헤진
옷을 입고 머리를 풀어헤치고 부처님이 계신 곳으로
찾아왔다. 부처님 발에 머리를 조아려 예를 올리고
한쪽으로 물러나 앉았다. 부처님이 말씀하셨다.
"대왕이여, 어디에서 오시기에 헤진 옷을 입고 머리
를 풀어헤쳤습니까?"
"세존이시여, 저에게는 지극히 존경하던 할머님이
계셨는데 저를 버리고 갑자기 세상을 떠나셨습니다.
그래서 성 밖에 나가 화장을 하고 공양을 마친 후 이
렇게 온 것입니다."

"할머님을 지극히 사랑하고 존경하셨습니까?"

"그렇습니다, 세존이시여. 만일 이 나라의 모든 코끼리와 말과 나아가 왕위까지 모두 가져다 남에게 주고 서라도 할머님의 목숨만 구할 수 있다면, 저는 마땅히 그렇게 할 것입니다. 그러나 삶과 죽음으로 영결했으므로 슬픔, 그리움, 근심, 괴로움을 스스로 견딜 수 없습니다. 일찍이 세존께서는 '모든 중생, 모든 벌레, 모든 신神에 이르기까지도 일단 생겨난 것은 모두 속절없이 죽게 마련이어서 끝내 다하지 않는 것은 없다. 한 번 생겨난 것치고 죽지 않는 것은 없다'고 말씀하셨다는데, 오늘에야 비로소 세존께서 하신 말씀이 훌륭하다는 것을 알겠습니다."

"대왕이여, 그렇습니다. 모든 중생, 모든 벌레, 모든 신들에 이르기까지 일단 생겨난 것은 다 속절없이 죽게 마련이어서 마침내 다함으로 돌아갑니다. 생겨나면 죽지 않는 것이 없습니다. 바라문이나 찰리刹利:크샤트리아, 장자와 같은 훌륭한 가문이라 하더라도 일단 태어나면 다 죽게 마련이니, 죽지 않는 이는 없습니다. 설령 찰리 가문의 대왕이 정수리에 물을 붓는 의식을 치르고 왕위에 올라 천하의 왕이 되어, 자재한 힘을 얻어 모든 적국을 다 물리쳤다 하더라도, 마침내 다함으로 돌아갑니다. 또 장수천長壽天에 태어나

하늘 궁전의 왕이 되어 마음껏 쾌락을 누린다 하더라도, 그 또한 다함으로 돌아갑니다.

대왕이여, 아라한 비구로서 모든 번뇌가 이미 다하고 온갖 무거운 짐을 버렸으며 할 일을 이미 마쳤고 자신은 이익을 얻었고 모든 존재의 결박에서 벗어나 바른 지혜로 마음이 잘 해탈했다 하더라도, 그 역시 다함으로 돌아가 몸을 버리고 열반하는 것입니다. 또한 깨달은 자로서 균형을 이루어 지극히 고요하다 하더라도, 그 몸과 목숨은 다해 마침내 열반으로 돌아갑니다. 모든 불세존께서 열 가지 힘[十力]*을 완전히 갖추고 네 가지 두려움이 없으며[四無所畏]** 뛰어난 사자처럼 외쳐 댄다 하더라도, 결국은 몸을 버리고 반열반을 취하는 것입니다. 대왕께서는 아셔야 합니다. 모든 중생, 모든 벌레, 모든 신에 이르기까지 일단 생

* 십력: 부처와 보살만이 가지고 있는 열 가지 지혜의 힘. 부처의 십력은 처비처지력(處非處智力), 업이숙지력(業異熟智力), 정려해탈등지등지지력(靜慮解脫等持等至智力), 근상하지력(根上下智力), 종종승해지력(種種勝解智力), 종종계지력(種種界智力), 편취행지력(遍趣行智力), 숙주수념지력(宿住隨念智力), 사생지력(死生智力), 누진지력(漏盡智力)이며, 보살의 십력은 직심력(直心力), 심심력(深心力), 방편력(方便力), 지혜력(智慧力), 원력(願力), 행력(行力), 승력(乘力), 유희신통력(遊戲神通力), 보리력(菩提力), 전법륜력(轉法輪力)이다.

** 사무소외(四無所畏): 부처와 보살에게 없는 네 가지 두려움. 부처의 무외는 정등각무외(正等覺無畏), 누영진무외(漏永盡無畏), 설장법무외(說障法無畏), 설출도무외(說出道無畏)이며, 보살의 무외는 능지무외(能持無畏), 지근무외(知根無畏), 결의무외(決疑無畏), 답보무외(答報無畏)이다.

겨난 것은 속절없이 죽게 마련이니 마침내 소멸되어
죽지 않는 것은 아무것도 없습니다."
부처님께서 이 경을 말씀하시자, 파사닉왕은 부처님
의 말씀을 듣고 기뻐하면서 예배하고 떠나갔다.

2-8.
세계는 물거품, 아지랑이, 허깨비와 같아라

이와 같이 나는 들었다. 부처님께서 아비타阿毘陀라는 곳의 항하恒河 가에 계실 때였다. 세존께서 비구들에게 말씀하셨다.

"비유하자면 항하의 큰물이 사납게 일어나 흐름을 따라 모인 물거품을 눈이 밝은 사내가 자세히 관찰하고 분별하는 것과 같다. 자세히 관찰하고 분별하면 거기에는 아무것도 없다. 단단한 것도 없고, 알맹이도 없으며, 견고함도 없다. 모인 물거품 가운데는 단단한 알맹이가 없기 때문이다. 이와 같이 존재하는 모든 물질[色]은 과거에 속한 것이든 미래에 속한 것이든 현재에 속한 것이든, 안에 있는 것이든 밖에 있는 것이든, 거칠든 미세하든, 아름답든 추하든, 멀리 있는 것이든 가까이 있는 것이든 자세히 관찰해 사유하고 분별하면 거기에는 아무것도 없고, 튼튼함도 없으며, 알맹이도 없고, 견고함도 없다. 그것은 병과 같고 종기와 같으며, 가시와 같고 살기와 같으며, 무상한 것이고 괴로운 것이고 공한 것이며, 나라고 할 만한 것이 아니다. 모든 물질에는 단단한 알맹이가 없기 때문이다.

비유하면, 큰비가 내려 물거품이 잠깐 생겼다가 금방 사라지는 것을 눈이 밝은 사내가 자세히 관찰해 사유하고 분별하는 것과 같다. 자세히 관찰해 사유하고 분별하면 거기에는 아무것도 없다. 단단한 것도 없고, 알맹이도 없으며, 견고함도 없다. 저 물거품은 단단한 알맹이가 없기 때문이다. 이와 같이 존재하는 모든 느낌[受]은 과거에 속한 것이든 미래에 속한 것이든 현재에 속한 것이든, 안에 있는 것이든 밖에 있는 것이든, 거칠든 미세하든, 아름답든 추하든, 멀리 있는 것이든 가까이 있는 것이든 자세히 관찰해 사유하고 분별하라. 자세히 관찰해 사유하고 분별하면 거기에는 아무것도 없다. 단단한 것도 없고, 알맹이도 없으며, 견고함도 없다. 그것은 병과 같고 종기와 같으며, 가시와 같고 살기와 같으며, 무상한 것이고 괴로운 것이고 공한 것이며, 나라고 할 만한 것이 아니다. 모든 느낌에는 단단한 알맹이가 없기 때문이다.

비유하면, 늦봄과 초여름에 구름도 없고 비도 내리지 않는 따가운 한낮에 아지랑이가 아른거리는 것을 눈이 밝은 사내가 자세히 관찰해 사유하고 분별하는 것과 같다. 자세히 관찰해 사유하고 분별하면 거기에는 아무것도 없다. 단단한 것도 없고, 알맹이도 없으며, 견고함도 없다. 저 아지랑이는 단단한 알맹이가 없기 때문이다. 이와 같이 존재하는 모든 생각[想]은 과거에 속한 것이든 미래에 속한 것이든 현재에 속한 것이든, 안에 있는 것이든 밖에 있는 것이든, 거칠든 미세하든, 아름답든 추하든, 멀리 있는 것이든 가까이 있는 것이든 자세히 관찰해 사유하고 분별하라. 자세히 관찰해 사유하고 분별하면 거기에는 아무것도 없다. 단단한 것도 없고, 알맹이도 없으며, 견고함도 없다. 그것은 병과 같고 종기와 같으며, 가시와 같고 살기와 같으며, 무상한 것이고 괴로운 것이고 공한 것이며, 나라고 할 만한 것이 아니다. 모든 생각에는 단단한 알맹이가 없기 때문이다.

비유하면 눈이 밝은 사내가 단단한 재목을 구하려고 날이 선 도끼를 가지고 숲으로 들어갔다가 통통하고 곧고 길고 큰 파초나무를 보고는 밑동을 베고 꼭대기를 자르고 잎사귀를 차례로 벗긴 후, 도무지 단단한 알맹이가 없다는 것을 자세히 관찰해 사유하고 분별하는 것과 같다. 자세히 관찰해 사유하고 분별하면 거기에는 아무것도 없다. 단단한 것도 없고, 알맹이도 없으며, 견고함도 없다. 그 파초에는 단단한 알맹이가 없기 때문이다. 이와 같이 존재하는 모든 의도[行]은 과거에 속한 것이든 미래에 속한 것이든 현재에 속한 것이든, 안에 있는 것이든 밖에 있는 것이든, 거칠든 미세하든, 아름답든 추하든, 멀리 있는 것이든 가까이 있는 것이든 자세히 관찰해 사유하고 분별하라. 자세히 관찰해 사유하고 분별하면 거기에는 아무것도 없다. 단단한 것도 없고, 알맹이도 없으며, 견고함도 없다. 그것은 병과 같고 종기와 같으며, 가시와 같고 살기와 같으며, 무상한 것이고 괴로운 것이고 공한 것이며, 나라고 할 만한 것이 아니다. 모든 의도에는 단단한 알맹이가 없기 때문이다.

비유하면, 요술쟁이나 요술쟁이의 제자들이 네거리에서 코끼리 탄 병사, 말 탄 병사, 수레 탄 병사, 걷는 병사를 요술로 만들어 보이는 것을 지혜롭고 눈이 밝은 사내가 자세히 관찰해 사유하고 분별하는 것과 같다. 자세히 관찰해 사유하고 분별하면 거기에는 아무것도 없다. 단단한 것도 없고, 알맹이도 없으며, 견고함도 없다. 그것은 병과 같고 종기와 같으며, 가시와 같고 살기와 같으며, 무상한 것이고 괴로운 것이

고 공한 것이며, 나라고 할 만한 것이 아니다. 그 허
깨비에는 단단한 알맹이가 없기 때문이다. 비구들아,
존재하는 모든 인식[識]은 과거에 속한 것이든 미래
에 속한 것이든 현재에 속한 것이든, 안에 있는 것이
든 밖에 있는 것이든, 거칠든 미세하든, 아름답든 추
하든, 멀리 있는 것이든 가까이 있는 것이든 자세히
관찰해 사유하고 분별하라. 자세히 관찰해 사유하고
분별하면 거기에는 아무것도 없다. 단단한 것도 없
고, 알맹이도 없으며, 견고함도 없다. 그것은 병과 같
고 종기와 같으며, 가시와 같고 살기와 같으며, 무상
한 것이고 괴로운 것이고 공한 것이며, 나라고 할 만
한 것이 아니다. 모든 인식에는 단단한 알맹이가 없
기 때문이다."

그러자 비구들은 부처님의 말씀을 듣고 기뻐하며 받
들어 행하였다.

2-9.
기둥에 묶인 개는 주위를 빙빙 돌 뿐

이와 같이 나는 들었다. 부처님께서 사위성의 기수급
고독원에 계실 때였다. 세존께서 비구들에게 말씀하
셨다.

"시작이 없는 생사生死에서 무명에 덮이고 애욕의 결
박에 묶여 오랜 세월 동안 윤회하면서도 괴로움의 끝
을 알지 못하는구나. 오랫동안 비가 내리지 않아 땅
에 난 온갖 곡식과 초목들이 모두 말라 시드는 때가
오더라도, 비구들아, 만일 무명에 덮이고 애욕의 결
박에 묶였다면, 그 중생들은 생사 윤회할 것이고, 애
욕의 결박은 끊어지지 않을 것이며, 괴로움에서 완전
히 벗어나지 못할 것이다.

비구들아, 오랫동안 비가 내리지 않아 큰 바닷물이
다 마르는 때가 오더라도 무명에 덮이고 애욕의 결박

에 묶였다면, 그 중생들은 생사 윤회할 것이고, 애욕의 결박은 끊어지지 않을 것이며, 괴로움에서 완전히 벗어나지 못할 것이다.

비구들아, 오랜 세월이 흘러 수미산이 다 무너지는 때가 오더라도, 무명에 덮이고 애욕의 결박에 묶였다면, 그 중생들은 오랜 세월 동안 생사에 윤회할 것이고, 애욕의 결박은 끊어지지 않을 것이며, 괴로움에서 완전히 벗어나지 못할 것이다.

비구들아, 오랜 세월이 흘러 이 대지大地가 다 무너지는 때가 오더라도, 무명에 덮이고 애욕의 결박에 묶였다면, 그 중생들은 생사 윤회할 것이고, 애욕의 결박은 끊어지지 않을 것이며, 괴로움에서 완전히 벗어나지 못할 것이다.

비유하면, 개를 기둥에 묶어 둔 것과 같다. 그 개는 묶인 끈이 끊어지지 않는 한 오랜 세월 기둥 주위를 빙빙 돌기를 멈추지 않을 것이다. 이와 같이 어리석은 중생들은 물질[色]과 물질의 발생, 물질의 소멸, 물질에 맛들임, 물질의 재앙, 물질에서 벗어남을 사실 그대로 알지 못해 오랜 세월 동안 윤회하면서 물질을 따라 돌고 돈다. 느낌[受]·생각[想]·의도[行]도 마찬가지며, 인식[識]과 인식의 발생, 인식의 소멸, 인식에 맛들임, 인식의 재앙, 인식에서 벗어남을 사실 그대로 알지 못해 오랜 세월 동안 윤회하며 인식을 따라 돈다.

모든 비구들아, 물질을 따라 돌고, 느낌을 따라 돌며, 생각을 따라 돌고, 의도를 따라 돌며, 인식을 따라 도니, 물질을 따라 돌기 때문에 물질을 벗어나지 못하고, 느낌·생각·의도도 마찬가지요, 인식을 따라 돌기 때문에 인식에서 벗어나지 못한다. 그것들을 벗어나지 못하기 때문에 태어남, 늙음, 병듦, 죽음, 근심, 슬픔, 번민, 괴로움에서 벗어나지 못하는 것이다.

지혜로운 거룩한 제자들은 물질과 물질의 발생, 물질의 소멸, 물질에 맛들임, 물질의 재앙, 물질에서 벗어남을 사실 그대로 안다. 느낌·생각·의도에 대해서도 그러하며, 인식과 인식의 발생, 인식의 소멸, 인식에 맛들임, 인식의 재앙, 인식에서 벗어남을 사실 그대로 알기 때문에 인식을 따라 돌지 않는다. 그것들을 따라 돌지 않기 때문에 색에서 벗어나고, 느낌·생각·의도·인식에서 벗어나니, 나는 이를 '태어남, 늙음, 병듦, 죽음, 근심, 슬픔, 번민, 괴로움에서 벗어났다'라고 말한다."

부처님께서 이 경을 말씀하시자, 비구들은 부처님의 말씀을 듣고 기뻐하며 받들어 행했다.

2-10.
원숭이처럼 부산한 내 마음

이와 같이 나는 들었다. 부처님께서 왕사성 가란다죽
원에 계실 때였다. 세존께서 비구들에게 말씀하셨다.
"어리석은 범부들은 사대四大 : 지(地)·수(水)·화(火)·풍(風)
로 이루어진 몸에 대해서는 싫어하는 마음을 내고 탐
욕을 등지지만 의식에 대해서만큼은 그렇지 못하다.
사대로 이루어진 몸은 지금 늘기도 하고 줄기도 하
며, 취하는 것도 있고 버리는 것도 있다. 그러나 마음,
뜻, 의식에 대해서는 싫어하는 마음을 내지도 않고
탐욕을 등지지도 못한다. 그래서 오랜 세월 동안 보
호하고 아끼면서 나라고 하는 것에 얽매여 얻거나 취
하면서 '이것은 나다, 이것은 내 것이다, 이것은 함께
있는 것이다'라 말한다. 때문에 그것을 싫어하는 마
음을 내지도 않고, 탐욕을 등지지도 못하는 것이다.

어리석은 범부들은 차라리 사대로 이루어진 몸에 대해선 나니 내 것이니 하면서 거기에 얽매일지언정, 의식에 대해서는 나니 내 것이니 하면서 얽매이지 말아야 한다. 왜냐하면 사대로 된 몸에서는 십 년을 머무르고 이십 년, 삼십 년 내지 백 년 동안을 머무르다가 잘 소멸하는 것을 보기도 하고, 그보다 조금 더 사는 것을 보기도 하지만, 마음과 뜻과 의식은 시시각각 잠깐 사이에도 변하고 옮겨져서 다른 것이 생기는 동시에 다른 것은 소멸하기 때문이다. 마치 원숭이가 숲 속에서 놀 때, 잠깐 사이에 여기저기로 나뭇가지를 옮겨 다니면서 하나를 놓고 곧 다른 하나를 잡는 것과 같다. 마음과 뜻과 의식도 그와 같아서 잠깐 사이에 옮겨 가고 변해, 다른 것이 생기고 또 다른 것은 소멸하는 것이다.

지혜로운 거룩한 제자는 모든 연기緣起* 에 대해 사유하고 관찰한다. 그런즉 즐거움과의 접촉을 인연하여 즐겁다는 느낌이 생기고, 즐겁다는 느낌을 깨달았을 때 즐겁다는 느낌의 깨달음을 사실 그대로 안다. 그 즐거움과의 접촉이 소멸하면 즐거움을 인연하여 생

* 모든 현상은 무수한 원인[因]과 조건[緣]이 상호 관계하여 성립되므로, 독립적이고 자존적으로 존재하는 것은 없으며, 모든 조건과 원인이 없으면 결과[果]도 없다는 것.

긴 즐겁다는 느낌 또한 소멸하여, 마음이 맑고 시원해진다. 괴로움과의 접촉, 기쁨과의 접촉, 근심과의 접촉도 마찬가지다. 평정과의 접촉을 인연하여 평정하다는 느낌이 생겨 평정한 느낌을 깨달았을 때, 평정한 느낌의 깨달음을 사실 그대로 안다. 그 평정과의 접촉이 소멸하면 평정과의 접촉을 인연하여 생긴 평정하다는 느낌 또한 소멸하여, 마음이 맑고 시원해진다.

비유하면, 두 나무를 서로 비비면 화합하여 불을 일으키지만, 두 나무를 서로 떨어뜨려 놓으면 불도 따라 소멸하는 것과 같다. 이와 같이, 모든 느낌은 접촉을 인연하여 발생하니, 접촉이 소멸하면 이러저러한 느낌도 소멸하여, 마음이 맑고 시원해진다.

지혜로운 거룩한 제자로서 이와 같이 관찰하면, 색에서 해탈하고, 느낌[受]·생각[想]·의도[行]·인식[識]에서 해탈하며, 태어남, 늙음, 병듦, 죽음과 근심, 슬픔, 번민, 괴로움에서 해탈하니, 그는 괴로움에서 해탈을 얻었다고 나는 말하리라."

부처님께서 이 경을 말씀하시자, 비구들은 부처님의 말씀을 듣고 기뻐하며 받들어 행하였다.

2-11.
두번째 독화살을 맞지 않는 법

이와 같이 나는 들었다. 부처님께서 왕사성 가란다죽
원에 계실 때였다. 세존께서 비구들에게 말씀하셨다.
"어리석은 범부들은 괴롭다는 느낌, 즐겁다는 느낌,
괴롭지도 즐겁지도 않다는 느낌을 낸다. 지혜로운 거
룩한 제자들도 또한 괴롭다는 느낌, 즐겁다는 느낌,
괴롭지도 즐겁지도 않다는 느낌을 낸다. 비구들아,
범부와 성인의 차이는 무엇인가?"
"세존께서는 법의 근본이시고 법의 눈이시며 법의
의지처이십니다. 훌륭하십니다, 세존이시여, 자세히
설명해 주십시오. 비구들은 그 법을 들은 뒤에 틀림
없이 받들어 행할 것입니다."
"어리석은 범부들은 몸의 접촉으로 여러 가지 느낌
이 생겨 온갖 고통이 커지고 목숨을 잃을 지경이 되

면, 슬픔에 잠겨 눈물을 흘리고 원망하며 울부짖는다. 비구들아, 자세히 듣고 잘 생각해 보아라. 너희들을 위해 설명하겠다.

어리석은 범부들은 몸의 접촉으로 여러 가지 느낌이 생겨 온갖 고통이 커지고 목숨을 잃을 지경이 되면, 슬픔에 잠겨 원망하고 울부짖으며 마음이 미친 듯 혼란스러워진다. 그때 두 가지 느낌이 더해져 자라나니, 몸의 느낌과 마음의 느낌이 그것이다.

비유하면, 한 사내가 몸에 두 개의 독화살을 맞아서 아주 고통스러워하는 것과 같다. 어리석은 범부도 그와 같아서 몸의 느낌과 마음의 느낌, 이 두 가지 느낌을 더하고 자라게 하여 아주 고통스러워한다. 그는 분명하게 알지 못하므로 다섯 가지 욕망[五欲: 재욕·색욕·음식욕·명예욕·수면욕]에 대해 즐겁다는 느낌과의 접촉을 일으켜 오욕의 즐거움을 누리고, 오욕의 즐거움을 누리기 때문에 탐욕이라는 번뇌에 시달린다. 또 괴롭다는 느낌과 접촉하여 화를 내고, 화를 내기 때문에 화라는 번뇌에 시달린다. 이 두 가지 느낌에 대해 그것의 발생, 그것의 소멸, 그것에 맛들임, 그것의 재앙, 그것에서 벗어남을 사실 그대로 알지 못하고, 사실 그대로 알지 못하기 때문에 괴롭지도 즐겁지도 않은 느낌이 생겨 어리석음이라는 번뇌에 시달린다.

즐겁다는 느낌에 얽매여 끝내 벗어나지 못하고, 괴롭다는 느낌에 얽매여 끝내 벗어나지 못하며, 괴롭지도 즐겁지도 않다는 느낌에 묶여 끝내 벗어나지 못한다. 무엇에 묶이는가? 탐욕[貪], 화[瞋], 어리석음[痴]에 묶이게 되고, 태어남, 늙음, 병듦, 죽음과 근심, 슬픔, 번민, 괴로움에 묶이게 된다.

그러나 지혜로운 거룩한 제자는 몸의 접촉으로 괴로운 느낌이 생겨 큰 고통이 들이닥치고 목숨을 잃게 되더라도 근심과 슬픔으로 원망하거나 울부짖거나 마음이 혼란스러워져 발광하지 않는다. 그런 때를 당하면 오직 한 가지, 몸의 느낌만 일으키고 마음의 느낌은 일으키지 않는다.

비유하면, 사내가 하나의 독화살만 맞고 두번째 독화살은 맞지 않은 것처럼, 그런 때를 당하면 오직 한 가지 느낌만 일으키니, 몸의 느낌만 일으키고 마음의 느낌은 일으키지 않는 것이다. 즐겁다는 느낌과 접촉하더라도 탐욕의 즐거움에 물들지 않고, 탐욕의 즐거움에 물들지 않기 때문에 그 즐겁다는 느낌에 대해서 탐욕의 번뇌에 시달리지 않는다. 괴로움과 접촉한 느낌에 대해서도 화내지 않고, 화내지 않기 때문에 화라는 번뇌에 시달리지 않는다. 그 두 가지 번뇌의 발생, 소멸, 맛들임, 재앙, 벗어남을 사실 그대로 알고,

사실 그대로 알기 때문에 괴롭지도 즐겁지도 않다고 느끼는 어리석음의 번뇌에 시달리지도 않는다.

즐겁다는 느낌에서 해탈하여 묶이지 않고, 괴롭다는 느낌과 괴롭지도 즐겁지도 않다는 느낌에서 해탈하여 묶이지 않는다. 무엇에 묶이지 않는가? 탐욕, 화, 어리석음에 묶이지 않고, 태어남, 늙음, 병듦, 죽음과 근심, 슬픔, 번민, 괴로움에 묶이지 않는다."

부처님께서 이 경을 말씀하시자, 모든 비구들은 기뻐하며 받들어 행하였다.

2-12.
고통의 근본적 치료법을 아는 의사

이와 같이 나는 들었다. 부처님께서 바라내국의 선인이 살던 녹야원에 계실 때였다. 세존께서 비구들에게 말씀하셨다.

"네 가지 법이 있다. 그것을 성취하면 큰 의왕醫王이라 부르니, 이는 왕에게 필요한 것과 왕이 분별해야할 것에 호응하는 것이다. 그 네 가지가 무엇인가? 첫째는 병을 잘 아는 것이요, 둘째는 병의 근원을 잘 아는 것이요, 셋째는 병을 치료하는 방법을 잘 아는 것이요, 넷째는 병이 치료된 뒤에 다시 도지지 않게 하는 법을 잘 아는 것이다.

'좋은 의사는 병을 잘 안다'는 것은 무엇인가? 좋은 의사는 이런저런 갖가지 병을 잘 아는 것이니, 이것이 '좋은 의사는 병을 잘 안다'고 하는 것이다.

'좋은 의사는 병의 근원을 잘 안다'는 것은 무엇인가? 좋은 의사는 '이 병은 바람을 인연하여 생겼다, 잘못된 습관에서 생겼다, 침에서 생겼다, 차가움에서 생겼다, 지금 겪는 일로 인해 생겼다, 절기의 변화에서 생겼다'고 아는 것이니, 이것이 '좋은 의사는 병의 근원을 잘 안다'고 하는 것이다.

'좋은 의사는 병을 치료하는 방법을 잘 안다'는 것은 무엇인가? 좋은 의사는 갖가지 병이 약을 발라야 할 것인지, 토하게 해야 할 것인지, 배설시켜야 할 것인지, 코 안을 씻어 내야 할 것인지, 훈기를 쬐게 해야 할 것인지, 땀을 내야 할 것인지를 잘 알고, 그에 따라 갖가지 처방으로 다스리니, 이것이 '좋은 의사는 병을 치료하는 방법을 잘 안다'고 하는 것이다.

'좋은 의사는 병을 치료한 뒤에 다시 도지지 않게 한다'는 것은 무엇인가? 좋은 의사는 갖가지 병을 잘 다스리고 완전히 없애 다시는 생기지 않게 하는 것이니, 이것이 '좋은 의사는 병을 다스려 다시 도지지 않게 한다'고 하는 것이다.

여래如來, 응공應供, 등정각等正覺 같은 깨달은 자가 큰 의왕이 되어 네 가지 덕[四聖諦]을 성취하고 중생들의 병을 고치는 것도 또한 그와 같으니, 그 네 가지가 무엇인가? 여래는 '이것은 괴로움에 대한 성스러운 진리이다'[苦]라는 사실을 있는 그대로 알고, '이것은 괴로움의 발생에 대한 성스러운 진리이다'[集]라는 사실을 있는 그대로 알며, '이것은 괴로움의 소멸에 대한 성스러운 진리이다'[滅]라는 사실을 있는 그대로 알고, '이것은 괴로움의 소멸에 이르는 길에 대한 성스러운 진리이다'[道]라는 사실을 있는 그대로 안다.

비구들아, 저 세간의 훌륭한 의사는 태어남의 근본적 치료 방법을 사실 그대로 알지 못하고, 늙고 병들고 죽는 것과 근심, 슬픔, 번민, 괴로움의 근본적 치료 방법도 사실 그대로 알지 못한다. 그러나 여래, 응공, 등정각은 훌륭한 의왕이 되어 태어남의 근본적 치료 방법을 사실 그대로 알고, 늙고 병들고 죽는 것과 근심, 슬픔, 번민, 괴로움의 근본적 치료 방법을 사실 그대로 안다. 그러므로 여래, 응공, 등정각을 큰 의왕이라고 부르는 것이다."

부처님께서 이렇게 말씀하시자 비구들은 부처님의 말씀을 듣고 기뻐하며 받들어 행했다.

낭송Q시리즈 동청룡
낭송 아함경

3부
자비, 함께하는 삶

3-1.
인욕과 자비의 화신 부루나

이와 같이 나는 들었다. 부처님께서 사위성 기수급고
독원에 계실 때였다. 존자 부루나富樓那가 부처님 계
신 곳으로 찾아와 머리를 조아려 그 발에 예배하고
한쪽으로 물러나 앉아 부처님께 아뢰었다.

"훌륭하십니다, 세존이시여. 저를 위해 설법해 주십
시오. 저는 홀로 고요한 곳에 앉아 골똘히 사유하면
서 게으르지 않게 지내고, '후세에는 몸을 받지 않는
다'는 것을 깨닫겠습니다."

"훌륭하고, 훌륭하다. 네가 스스로 여래에게 그와 같
은 이치를 묻는구나. 자세히 듣고 잘 생각해 보아라.
너를 위해 설명하겠다.

만일 비구가 사랑하고 좋아하고 생각할 만하여 탐욕
을 일으키는 빛깔을 눈으로 보고, 그것을 본 뒤에 기

뻐하고 찬탄하고 얽매여 집착한다면, 또 기뻐하고 찬
탄하고 얽매여 집착한 뒤에는 환희하고, 환희하고 나
서는 다시 좋아하고 집착하며, 좋아하고 집착한 뒤
에는 탐하여 사랑하고, 탐하여 사랑한 뒤에는 막히고
걸리게 된다. 환희하고 좋아하고 집착하고 탐하고 사
랑하고 막히고 걸리기 때문에, 그는 열반에서 멀어지
게 된다. 귀와 코와 혀와 몸과 뜻도 마찬가지다.
부루나야, 만일 비구가 빛깔을 눈으로 보았는데, 그
것을 본 뒤에도 기뻐하지 않고 찬탄하지 않으며 얽매
여 집착하지 않는다면, 기뻐하지 않고 찬탄하지 않으
며 얽매여 집착하지 않기 때문에 환희하지 않고, 환
희하지 않기 때문에 매우 좋아하지 않으며, 매우 좋
아하지 않기 때문에 탐하여 사랑하지도 않고, 탐하여
사랑하지 않기 때문에 막히거나 걸리지도 않게 된다.
환희하지 않고 매우 좋아하지 않으며 탐하여 사랑하
지도 않고 막히거나 걸리지 않기 때문에, 그는 점점
열반에 가까워진다. 귀와 코와 혀와 몸과 뜻도 마찬
가지다. 나는 법의 요점을 말하였다. 너는 어디에 머
무르겠느냐?"
"세존이시여, 저는 이미 세존께 법의 가르침을 받았
습니다. 저는 서방 수로나輸盧那로 가서 유행遊行하고
자 합니다."

"서방의 수로나 사람들은 거칠고 모질고, 가볍고 성급하며, 못되고 사납고 비난하기를 좋아한다. 부루나야, 네가 만일 거칠고 모질고, 가볍고 성급하며, 못되고 사납고 비난하기를 좋아하는 그들에게서, 헐뜯고 욕하는 말을 듣는다면 어떻게 하겠느냐?"

"세존이시여, 저 서방의 수로나 사람들이 제 면전에서 거칠고 모질며 심한 말로 저를 비난하고 헐뜯고 욕한다면, 저는 '저 서방의 수로나 사람들은 어질고 착하고 지혜롭다. 비록 내 앞에서 거칠고 모질고 못되고 사나우며 비난하기를 좋아하고 나를 헐뜯고 욕하지만, 그래도 손이나 돌로 나를 때리지는 않는구나'라고 생각하겠습니다."

"저 서방의 수로나 사람들이 거칠고 모질고, 가볍고 성급하며, 못되고 사나워서 너를 비난하고 욕하기만 한다면 너는 벗어날 수도 있겠지만, 손이나 돌로 때린다면 어떻게 하겠느냐?"

"세존이시여, 저 서방의 수로나 사람들이 만일 손이나 돌로 저를 때린다면, 저는 '수로나 사람들은 어질고 착하고 지혜롭다. 비록 손이나 돌로 나를 때리지만 칼이나 몽둥이를 쓰지는 않는구나'라고 생각할 것입니다."

"그 사람들이 칼이나 몽둥이로 너에게 해를 입힌다

면 어떻게 하겠느냐?"

"세존이시여, 그 사람들이 칼이나 몽둥이로 저에게 해를 입힌다면, 저는 '저 수로나 사람들은 어질고 착하고 지혜롭다. 비록 칼이나 몽둥이로 내게 해를 입혔지만 죽이지는 않는구나'라고 생각하겠습니다."

"그 사람들이 너를 죽인다면 어떻게 하겠느냐?"

"세존이시여, 그 사람들이 저를 죽인다면, 저는 '모든 세존의 제자들은 몸을 싫어하여 칼로 자살하기도 하고, 독약을 먹기도 하며, 노끈으로 스스로 목을 매기도 하고, 깊은 구덩이에 몸을 던지기도 한다. 저 수로나 사람들은 어질고 착하며 지혜롭다. 썩어 무너질 나의 몸을 조그마한 방편으로써 곧 해탈하게 하는구나'라고 생각할 것입니다."

"훌륭하다, 부루나야. 너는 인욕^{忍辱}을 잘 배웠구나. 이제 수로나 사람들 틈에서 지낼 수 있을 것이다. 너는 그곳에서 건너지 못한 사람들은 건너게 하고, 편안하지 못한 사람들은 편안하게 하며, 열반을 얻지 못한 사람들은 열반을 얻게 하라."

존자 부루나는 부처님의 말씀을 듣고 기뻐하면서 예배하고 떠나갔다. 그는 이른 아침에 가사를 입고 발우를 가지고 사위성으로 들어가 탁발한 후, 공양을 마치고 다른 이에게 침구를 물려주었다. 그다음 가사와 발우를 가지고 서방 수로나로 떠나 인간 세상을 두루 돌아다니며 포교했다. 거기에서 여름 안거를 지내며 오백 우바새를 위해 설교했고, 오백 승가람^{僧伽}藍: 사찰을 세워 평상과 요와 공양에 필요한 모든 도구를 다 갖추어 만족했다. 석 달이 지난 뒤에는 세 가지의 지혜*를 두루 갖추었고, 그곳에서 무여열반에 들었다.

* 삼달(三達), 삼증법(三證法)이라고도 한다. 무학위(無學位)에 이르러 어리석음을 완전히 제거하면 세 가지를 통달하는 걸림이 없는 지혜가 밝아지게 된다. 즉 숙명지증명(宿命智證明: 나와 남의 전생을 환히 아는 지혜), 생사지증명(生死智證明: 중생의 미래의 생사와 과보를 환히 아는 지혜), 누진지증명(漏盡智證明: 번뇌를 모두 끊어, 내세에 미혹한 생존을 받지 않음을 아는 지혜)이 그 세 가지이다.

3-2.
인간으로 태어나 수행하지 않는 자, 유죄

이와 같이 나는 들었다. 부처님께서 미후못가에 있는 2층 강당에 계실 때였다. 세존께서 모든 비구들에게 말씀하셨다.

"비유하면, 이 큰 대지가 모두 큰 바다로 변할 때, 억겁의 시간을 살아온 어떤 눈 먼 거북이가 있어 백 년에 한 번씩 머리를 바닷물 밖으로 내민다. 그런데 바다 가운데에 구멍이 하나뿐인 나무가 파도에 밀려 표류하고 바람을 따라 동서로 오락가락하면서 떠돌아다닌다고 할 때, 백 년에 한 번씩 머리를 내미는 저 눈 먼 거북이가 그 구멍을 만날 수 있겠느냐?"

아난이 부처님께 말씀드렸다.

"불가능합니다, 세존이시여. 이 눈 먼 거북이 혹 바다 동쪽으로 가면 뜬 나무는 바람을 따라 바다 서쪽에

가 있을 것이고, 남쪽이나 북쪽, 무주를 두루 떠도는 것도 그와 같을 것이기 때문입니다. 결코 서로 만나지는 못할 것입니다."

그러자 부처님께서 말씀하셨다.

"눈 먼 거북과 뜬 나무는 비록 서로 어긋나다가도 오히려 서로 만날 수 있을 것이다. 그러나 어리석은 범부가 오취*에 표류하다가 잠깐이나마 사람의 몸을 받는 것은 그것보다 더 어려운 일이다. 모든 중생들이 그 이치를 행하지 않고 법을 행하지 않으며, 선을 행하지 않고 진실을 행하지 않으며, 서로를 죽이고 해치고, 강한 자는 약한 자를 업신여기면서 끝없이 악행을 저지르기 때문이다.

그러므로 비구들아, 네 가지 성스러운 진리에 대해 아직 빈틈없고 한결치 못하다면, 방편을 쓰고 왕성한 의욕을 일으켜 빈틈없는 한결같음을 배워야 한다."

부처님께서 이 경을 말씀하시자, 비구들은 부처님의 말씀을 듣고 기뻐하며 받들어 행하였다.

* 오취(五趣) : 각자 지은 업에 따라 태어나는 다섯 장소. 지옥(地獄), 아귀(餓鬼), 축생(畜生), 인간(人間), 천상(天上)을 가리킴.

3-3.
탐욕은 탐욕의 세계를 인연하여
생기는 것

이와 같이 나는 들었다. 부처님께서 사위성의 기수급
고독원에 계실 때였다. 세존께서 비구들에게 말씀하
셨다.

"인연이 있어서 탐욕에 대한 생각[慾想]이 생기는 것
이니, 인연 없이 생기는 것이 아니다. 인연이 있어서
화내는 생각이 생기는 것이니, 인연이 없이 생기는
것이 아니다. 인연이 있어서 어리석은 생각이 생기는
것이니, 인연 없이 생기는 것이 아니다.

어떤 것을 인연하여 탐욕에 대한 생각이 생기는가?
탐욕의 세계를 인연하여 생기는 것이다. 탐욕의 세
계를 인연하기 때문에 탐욕에 대한 생각, 탐욕에 대
한 욕망, 탐욕에 대한 지각, 탐욕에 대한 번열煩熱, 탐
욕의 추구가 생긴다. 어리석은 범부는 탐욕의 추구를

일으킨 뒤에 몸과 입과 마음으로 삿됨을 일으킨다. 이런 삿된 인연 때문에 현세에서 괴로움에 머물러 괴로움이 있고 걸림이 있고 번민이 있고 번열이 있으며, 몸이 무너지고 목숨이 끝난 뒤에는 나쁜 세계에 태어나니, 이것을 인연하여 탐욕의 생각이 생기는 것이라 한다.

어떤 것을 인연하여 어리석은 생각이 생기는 것인가? 어리석음의 세계를 인연하여 생기는 것이다. 어리석은 세계를 인연하기 때문에 어리석음에 대한 생각, 어리석음에 대한 욕망, 어리석음에 대한 지각, 어리석은 번열, 어리석음에 대한 추구가 생긴다. 어리석은 범부는 어리석음에 대한 추구를 일으킨 뒤에, 몸과 입과 마음에서 삿됨을 일으킨다. 이런 삿된 인연 때문에 현세에서 괴로움에 머물러 괴로움이 있고 걸림이 있고 번민이 있고 번열이 있으며, 몸이 무너지고 목숨이 끝난 뒤에는 나쁜 세계에 태어나니, 이것을 인연하여 어리석은 생각이 생기는 것이다.

비구들아, 이와 같이 모든 사문 바라문이 살아가면서 위험한 생각들을 하면서도 버리고 떠나기를 구하지 않고, 깨닫지 못하고 뱉어 버리지 못한다면, 그들은 현세에서 괴로움에 머물러 괴로움이 있고 걸림이 있고 번민이 있고 번열이 있으며, 몸이 무너지고 목숨이 끝난 뒤에는 나쁜 세계에 태어나게 된다.

비유하면, 성읍이나 마을에서 멀지 않은 넓은 벌판에 큰불이 갑자기 일어난 것과 같다. 그곳에 그 불을 끌 수 있는 힘을 가진 자가 없다면, 그 들판의 모든 중생들이 불의 피해를 입을 것이다. 이와 같이 모든 사문 바라문이 삶에 안주하며 위험한 생각들을 한다면 몸이 무너지고 목숨이 끝난 뒤에는 반드시 나쁜 세계에 태어나게 된다.

비구들아, 인연을 따라 탐욕에서 벗어난 생각이 생기는 것이니, 인연 없이 생기는 것이 아니다. 어떤 것을 인연하여 탐욕에서 벗어난 생각이 생기는가? 탐욕에서 벗어난 세계이니라. 탐욕에서 벗어난 세계를 인연하여 탐욕에서 벗어난 생각, 탐욕에서 벗어난 욕망, 탐욕에서 벗어난 지각, 탐욕에서 벗어난 번열, 탐욕에서 벗어난 추구가 생긴다. 지혜로운 사람은 탐욕에서 벗어나기를 추구하고, 몸과 입과 마음에서 올바름을 일으킨다. 그는 바른 인연을 일으킨 뒤에 현세에서 즐거움에 머물러 괴로워하지 않고 걸리지 않으며, 번민하지 않고 애태우지 않으며, 몸이 무너지고 목숨이 끝난 뒤에는 좋은 세계에 태어나게 되나, 이것을 인연하여 탐욕을 벗어난 생각이 생기는 것이다.

어떤 것을 인연하여 어리석지 않은 생각이 생기는

가? 해치지 않는 세계이니라. 해치지 않는 세계를 인연하여 해치지 않는 생각, 해치지 않는 욕망, 해치지 않는 지각, 해치지 않는 번열, 해치지 않는 추구가 생긴다. 지혜로운 사람이 해치지 않기를 추구할 때, 그는 몸과 입과 마음에서 올바름을 일으킨다. 그는 바른 인연이 생긴 뒤에 현세에서 즐거움에 머물러 괴로워하지 않고 걸리지 않으며, 번민하지 않고 애태우지 않으며, 몸이 무너지고 목숨이 끝난 뒤에는 좋은 세계에 태어나게 되니, 이것을 인연하여 어리석지 않은 생각이 생기는 것이다.

모든 사문 바라문들이 살아가면서 어리석지 않은 생각을 한다면, 그것을 버리지 않고 깨닫지 않고 뱉어 버리지 않더라도, 현세에서 즐거움에 머물러 괴로워하지 않고 걸리지 않고 번민하지 않고 애태우지 않으며, 몸이 무너지고 목숨이 끝난 뒤에는 좋은 세계에 태어나게 된다.

비유하면, 성읍이나 마을 변두리 넓은 벌판에서 큰불이 갑자기 일어난 것과 같다. 그때 손발로 그 불을 끌 수 있는 사람이 있다면, 초목을 의지해 사는 모든 중생이 피해를 입지 않을 것이다. 이와 같이 모든 사문 바라문이 살아가면서 바른 생각을 한다면, 그것을 버리지 않고 깨닫지 않고 뱉어 버리지 않더라도, 현세에서 즐거움에 머물러 괴로워하지 않고 걸리지 않고 번민하지 않고 애태우지 않으며, 몸이 무너지고 목숨이 끝난 뒤에는 좋은 세계에 태어나게 된다."

부처님께서 이 경을 말씀하시자, 비구들은 부처님의 말씀을 듣고 기뻐하며 받들어 행하였다.

3-4.
고통받는 중생에게 보내는 자비의 미소

이와 같이 나는 들었다. 부처님께서는 바라내국의 선인이 살던 녹야원에 계실 때였다. 존자 대목건련과 존자 륵차나勒叉那 비구가 이른 아침에 탁발을 위해 바라내성으로 함께 들어갔다. 길을 가는 도중에 존자 대목건련이 옛일을 생각하고는 빙그레 웃었다. 그러자 존자 륵차나가 물었다.

"세존이나 세존의 제자가 빙그레 미소 지을 때에는 반드시 까닭이 있더군요. 존자께서는 오늘 무슨 까닭으로 빙그레 미소를 지으십니까?"

"지금은 그런 질문을 할 때가 아닙니다. 우선 탁발을 한 뒤에 돌아가 세존 앞에서 그 일을 물어 보는 것이 옳을 것입니다."

그들은 함께 성으로 들어가 탁발을 하여 식사를 마치

고, 돌아와 발을 씻고 옷과 발우를 챙긴 뒤에 세존의 처소로 나아가 머리를 조아려 그 발에 예를 올리고 한쪽으로 물러나 앉았다. 존자 륵차나가 존자 대목건련에게 다시 물었다.

"오늘 아침에 어떤 이유로 빙그레 미소를 지으셨습니까?"

존자 대목건련이 존자 륵차나에게 대답했다.

"나는 길에서 온몸이 곪아 터져 더럽고 냄새나는 커다란 몸집을 가진 어떤 중생이 허공으로 날아가는 것을 보았습니다. 그런데 까마귀, 소리개, 수리, 독수리, 늑대, 굶주린 개 따위가 그를 뒤쫓아 잡아먹자 그는 울부짖는 소리를 냈습니다. 저는 '저 중생이 저런 몸을 받아 저렇게 고통을 받고 있으니 얼마나 괴롭겠는가'라고 생각했습니다."

부처님께서 비구들에게 말씀하셨다.

"나도 그 중생을 보았으나 말하지 않은 것은, 사람들이 믿지 않을까 걱정되었기 때문이다. 또 여래의 말을 믿지 않는 사람은 어리석은 사람으로서, 오랜 세월 동안 고통 받을 것이기 때문이다. 그 중생은 전생에 이 바라내성에서 몸을 팔아 생활하던 여인이다. 그 여인은 가섭 부처님에게 출가한 어떤 비구를 더러운 마음으로 청하였다. 그 비구는 정직한 마음으로 그 청을 받아들였다. 그 비구가 자신의 뜻을 알아차리지 못하자 그 여자는 성을 내며 더러운 물을 비구의 몸에 뒤집어 씌웠다. 그 죄로 말미암아 이미 지옥에서 한없는 고통을 받았고, 지옥에서의 죄가 남아 지금도 계속해서 그런 몸을 받아 고통을 받는 것이다. 비구들아, 대목건련이 본 것은 진실한 것이니 받아 지녀야 한다."

부처님께서 이 경을 말씀하시자, 비구들은 부처님의 말씀을 듣고 기뻐하며 받들어 행하였다.

3-5.
남을 보호하고 스스로를 보호하는 길

이와 같이 나는 들었다. 부처님께서는 구살라국 인간 세상을 유행하시다가 사가타私伽陀 마을 북쪽에 있는 신서림身恕林에서 비구들에게 말씀하셨다.

"옛날에 당기幢旗: 법회가 있을 때 절 문앞에 세우는 기. 장대 끝에 용머리를 만들고 깃발에 불화를 그려 불보살의 위엄을 나타내는 장식도구 놀이를 하던 어떤 광대가 어깨에 당기를 세우고 제자들에게 말했다. '너희들이 당기 위로 올라가면 아래에 있는 나를 보호하거라. 그러면 나도 너희들을 보호하겠다. 이렇게 서로 보호하고 붙들어 주면서 광대놀이를 하면 많은 재물을 벌 것이다.'

그러자 광대의 제자들이 그 스승에게 말했다.

'그 말씀대로 하면 안 됩니다. 그저 제각기 자신을 소중히 보호하면서 광대놀이를 하기만 해도 많은 재물

을 벌고 몸에 별 탈 없이 안전하게 내려올 수 있을 것입니다.'

그러자 스승이 대답했다.

'너희들 말대로 제각기 자신을 소중히 보호하여라. 그런데 그 의미는 내가 말한 것과 마찬가지다. 자신을 스스로 보호할 때 그것은 곧 남을 보호하는 것이요, 남을 보호할 때 그것은 곧 자신을 보호하는 것이니, 마음이 저절로 친근하여 서로 닦아 익혀 보호하는 것이 스스로를 보호하는 것이자 남을 보호하는 것이다. 남을 보호하고 스스로를 보호한다는 것은 무엇인가? 남을 두려워하지 않고, 남을 거스르지 않으며, 남을 해치지 않고, 자비로운 마음으로 남을 가엾이 여기면, 이것을 일러 남을 보호하고 스스로를 보호하는 것이라 한다.'

비구들아, 스스로를 보호하려는 이도 사념처를 닦아야 하고 남을 보호하려는 이도 사념처를 닦아야 한다."

부처님께서 이 경을 말씀하시자, 비구들은 부처님의 말씀을 듣고 기뻐하며 받들어 행하였다.

3-6.
화내지 않음을 찬탄하는 공부

이와 같이 나는 들었다. 부처님께서 비사리국毘舍離國:
고대 인도의 도시, 바이샬리 미후못가에 있는 2층 강당에 계
실 때였다. 세존께서 비구들에게 말씀하셨다.

"옛날에 어떤 야차 귀신이 추하고 더럽고 악한 얼굴
을 하고 제석의 빈자리에 앉아 있었다. 삼십삼천三十三
天 : 수미산 정상에 있는 도리천의 33신들은 그 추하고 더럽고 악
한 모습의 귀신이 제석의 빈자리에 앉아 있는 것을
보고는 모두 제각기 화를 냈다. 천신들이 화를 내면
낼수록 그 귀신은 점점 단정한 모습으로 변해 갔다.
삼십삼천이 천제석天帝釋 : 제석천. 도리천의 왕으로 불교의 수호
신에게 나아가 아뢰었다. '교시가憍尸迦 : 제석의 별명여, 추
하고 악하게 생긴 어떤 귀신이 천왕의 빈자리에 앉아
있습니다. 우리 모든 천신들은 그 추하고 악하게 생

긴 귀신이 천왕의 자리에 앉아 있는 것을 보고 몹시
화를 냈습니다. 그런데 화를 내면 낼수록 그 귀신은
점점 단정하게 변해 갔습니다.'
석제환인이 삼십삼천에게 말했다.
'그 귀신은 화냄으로 다스리는 귀신이다.'
그러고는 직접 그 귀신에게 가서 옷을 바로 여미고
오른쪽 어깨를 드러내고 합장하고는 자기 이름을 세
번 말했다.
'인자仁者여, 나는 석제환인입니다.'
석제환인이 이와 같이 공경하고 겸손해할 때마다 그
귀신은 점점 추해지고 더러워지더니 다시는 나타나
지 않았다.
석제환인은 자리에 앉아 게송으로 말했다.

　사람들이여, 마땅히 화내지 말고
　누가 나에게 화내도 화냄으로 갚지 말라
　악에 대해 악한 마음 내지 말고
　마땅히 교만한 마음을 부숴야 한다

　화내지 않고 해치지도 않으면
　그야말로 성현의 무리라 하리라
　악한 죄 지으며 화를 돋우더라도

돌이나 산처럼 굳게 머물러라

울화가 치밀어도 잘 참아내라
달리는 마차를 제어하는 것처럼
내가 말하는 훌륭한 마부란
고삐 잡은 이를 말하는 게 아니니라

석제환인은 삼십삼천의 자재왕自在王 지위에 있으면
서도 화내지 않는 것을 찬탄했다. 너희들도 그렇게
해야 한다. 바른 믿음으로 출가하여 도를 배우고 있
으니 화내지 않는 것을 찬탄하는 공부를 해야 한다."
부처님께서 이 경을 말씀하시자, 비구들은 부처님의
말씀을 듣고 기뻐하며 받들어 행하였다.

3-7.
욕을 받지도 주지도 않는 법

이와 같이 나는 들었다. 부처님께서 사위성 기수급고
독원에 계실 때였다. 젊은 바라문 빈기가賓耆迦가 부
처님 계신 곳으로 찾아가 부처님을 마주 대하고 서서
추악하고 착하지 않은 말로 성을 내며 비난했다. 그
러자 세존께서 젊은 빈기가에게 말씀하셨다.

"어느 좋은 날에 너희 온 집안 식구들을 모을 수 있겠
느냐?"

"그렇게 할 수 있습니다, 구담이시여."

"만일 너의 종친들이 음식을 먹지 않으면 어떻게 하
겠느냐?"

"먹지 않으면 그 음식은 도로 제 것이 될 것입니다."

"너도 그와 같다. 여래의 면전에서 추악하고 착하지
않은 말로 욕하고 비난했으나, 내가 끝내 받아 주지

않는다면 그 비난이 누구에게로 돌아가겠느냐?"

"비록 받지 않더라도 또다시 준다면 준 것이 될 것입니다."

"그런 것은 서로 준 것이라고 말하지 않는다. 그런 것을 어떻게 주었다고 말할 수 있겠느냐?"

"어떤 것을 다시 주었다고 하고, 어떤 것을 주었는데 받지 않았다고 하며, 어떤 것을 준 것이 아니라고 합니까?"

"만일 어떤 사람이 꾸짖으면 꾸짖음으로써 갚고, 화내면 화냄으로써 갚으며, 때리면 때림으로써 갚고, 싸우면 싸움으로써 갚는다면, 그것은 준 것이 되고 또한 받은 것이 된다. 빈기가야, 꾸짖어도 꾸짖음으로써 갚지 않고, 화내도 화냄으로써 갚지 않으며, 때려도 때림으로써 갚지 않고, 싸워도 싸움으로써 갚지 않는다면 그것은 준 것도 아니요, 받은 것도 아니다."

"구담이시여, 오래도록 엄숙하게 도를 닦은 옛날 바라문 장로들의 말씀에 따르면, '여래, 응공, 등정각은 면전에서 욕하고 화내며 비난해도 화내지 않는다'고 하더이다. 그런데 지금 구담께서는 화내고 계시지 않습니까?"

세존께서 게송을 읊으셨다.

화낼 마음 없는데 무슨 화냄이 있으랴

바른 생활로 화냄을 항복 받고

바른 지혜로 마음이 해탈하였으니

지혜로운 사람은 화냄이 없느니라

화냄으로써 화냄을 갚는 사람

그가 바로 나쁜 사람이니

화냄으로써 화냄을 갚지 않으면

항복받기 어려운 적을 항복받으리

그러자 젊은 빈기가가 부처님께 말했다.

"참회합니다, 세존이시여. 너무나도 어리석어서 분별
하지 못하고 착하지도 못하게 구담을 면전에서 비난
하고 욕했습니다."

그러고는 부처님의 말씀을 듣고 기뻐하면서 예배하
고 떠나갔다.

3-8.
용맹스러운 전사의 악업에 대하여

이와 같이 나는 들었다. 부처님께서 왕사성의 가란다 죽원에 계실 때였다. 전사 부족의 촌장이 부처님 계신 곳으로 찾아와 공손히 문안드리고 나서 한쪽으로 물러나 앉아 부처님께 말씀드렸다.

"구담이시여, 저는 오래전에 어떤 늙고 덕 있는 전사에게서 이런 말을 들었습니다. '만일 전사들이 몸에 갑옷을 껴입고 손에는 날카로운 무기를 들고 장사將士가 되어 선봉에 서서, 수단과 방편을 다해 원수인 적을 잘 무찌르면 그는 이 업보業報를 인연해 전항복천箭降伏天에 태어난다'는 것이었습니다. 이에 대해 구담께서는 어떻게 생각하십니까?"

부처님께서 촌장에게 말씀하셨다.

"그만두어라, 그 이치는 묻지 말라."

이렇게 두 번 세 번 묻자, 부처님께서도 두 번 세 번 그만두게 하셨다. 그런데도 그는 질문을 그만두지 않았다. 부처님께서 촌장에게 말씀하셨다.

"내가 그대에게 묻겠으니, 그대는 마음대로 대답하라. 촌장이여, 그대 생각에는 어떠한가? 만일 전사가 몸에 갑옷을 입고 손에는 무기를 들고 전사의 선봉에 서서 수단과 방편을 다하여 원수인 적을 잘 무찌르고자 한다면, 그 사람이 어찌 해치려는 마음을 먼저 일으켜 저들을 결박하고 칼로 찔러 죽이려는 마음을 내지 않을 수 있겠는가?"

"그렇습니다, 세존이시여."

"싸움을 하게 되면 몸과 입과 뜻으로 세 가지 악을 짓게 된다. 이 세 가지 악한 인연 때문에, 몸이 무너지고 목숨이 끝난 뒤에 전항복천과 같은 좋은 곳에 태어날 수 없는 것이다. 옛날의 늙고 덕 있는 전사가 이와 같은 견해를 가지고 '만일 전사들이 몸에 갑옷을 껴입고 손에는 날카로운 무기를 들고 적을 향해 선봉에 서서, 수단과 방편을 다해 원수인 적을 잘 무찌르면, 그 사람은 그 인연 때문에 전항복천에 태어난다'고 말했다면, 그것은 삿된 견해이니, 이러한 삿된 견해를 가진 사람은 틀림없이 지옥이나 축생에서 태어날 것이다."

그러자 촌장은 눈물을 흘리면서 슬피 울었다. 붓다가 말씀하셨다.

"그런 까닭에 나는 아까 그대에게 두 번 세 번 '그만 두어라, 너를 위해 말하지 않으리라'고 했던 것이다."

그러자 촌장이 말했다.

"저는 구담의 말씀 때문에 우는 것이 아닙니다. 생각해 보니, 옛날부터 늙고 덕 있는 전사들이 어리석고 미련하며 착하지도 못하고 분별하지도 못해서, 오랜 세월 동안 저를 속여 온 것 때문에 슬피 우는 것입니다. 저는 이제 분명히 알게 되었습니다. '저 전사들이 악한 업의 인연으로 몸이 무너지고 목숨이 끝난 뒤에 전항복천에서 태어날 수 없을 것이다'라는 말씀을요. 구담이시여, 저는 오늘부터 온갖 악업을 버리고 부처님과 법과 비구스님들께 귀의하겠습니다."

"그것은 가장 진실하고 중요한 깨달음이다."

촌장인 전사는 부처님의 말씀을 듣고 기뻐하면서, 자리에서 일어나 예배하고 떠나갔다.

3-9.
원한을 조장하지 말라

이와 같이 나는 들었다. 부처님께서 사위성 기수급고
독원에 계실 때였다. 파사닉왕波斯匿王: 사위성의 왕은 마
갈제국 위제희韋提希의 아들인 아사세왕阿闍世王과 사
이가 좋지 않았다. 마갈제국 위제희의 아들인 아사세
왕이 네 무리의 군사를 일으켜 구살라국으로 쳐들어
오자, 파사닉왕은 배나 더 많은 네 무리의 군사를 일
으켜 전쟁을 벌였다. 싸움 끝에 결국 파사닉왕의 군
사가 이기자 아사세왕의 군사는 패하여 항복하고 별
처럼 흩어져 버렸다. 파사닉왕은 아사세왕이 소유하
고 있던 코끼리, 말, 수레, 돈, 재물, 보물 등을 모조리
빼앗은 후 아사세왕을 사로잡고서 부처님께서 계신
곳으로 찾아가 부처님 발에 머리를 조아린 후 한쪽으
로 물러나 앉았다. 파사닉왕이 부처님께 말씀드렸다.

"세존이시여, 이 사람은 위제희의 아들인 아사세왕입니다. 오랫동안 제게 원한이 없던 사람인데, 어쩌다 원한을 품어 호감을 가지고 있는 사람에게 좋지 않은 일을 벌였습니다. 그러나 그는 나의 좋은 친구의 아들이므로 놓아 주어 제 나라로 돌아가게 하겠습니다."

부처님께서 파사닉왕에게 말씀하셨다.

"훌륭한 생각입니다, 대왕이여. 그를 놓아 주어 제 나라로 돌아가게 한다면, 당신은 오래도록 안락하고 중생을 유익하게 할 수 있을 것입니다."

세존께서 게송으로 말씀하셨다.

그 힘이 자재自在하여
능히 널리 저들을 침략했지만
원한만 갈수록 커져
남의 이익을 몇 배로 빼앗은 것일 뿐이네

부처님께서 이 경을 말씀하시자, 파사닉왕과 위제희의 아들인 아사세왕은 부처님의 말씀을 듣고 기뻐하면서 예배하고 떠나갔다.

3-10.
올바른 보시의 도리

이와 같이 나는 들었다. 부처님께서 사위성 기수급고
독원에 계실 때였다. 사위성에 살던 마하남이라는 장
자가 목숨을 마쳤는데 그에게는 아들이 없었다. 파사
닉왕은 마하남에게는 아들도 없고 친척도 없다 하여
그의 재산을 모두 왕가에 귀속시켰다. 파사닉왕은 날
마다 재물을 조사하느라 몸에 먼지를 잔뜩 뒤집어쓴
채 부처님 계신 곳으로 찾아가 부처님 발에 머리 조
아려 예배하고 한쪽으로 물러나 앉았다.

"대왕이여, 어디서 오시기에 그렇게 몸에 먼지를 잔
뜩 뒤집어썼으며, 어찌 그리도 피곤해 보이십니까?"

"세존이시여, 마하남이라는 장자가 목숨을 마쳤는데,
그에게는 아들이 없습니다. 그래서 그의 재물을 모두
왕가에 귀속시키고, 그 재물을 점검하고 처리하느라

피로가 쌓였고, 몸에 먼지를 뒤집어쓴 채 이렇게 온 것입니다."

"그 마하남 장자는 재물이 아주 많은 큰 부자였습니까?"

"세존이시여, 그는 큰 부자라서 돈과 재물이 매우 많았습니다. 돈과 보물이 그토록 많았으니 다른 재산이야 말할 것이 있겠습니까? 세존이시여, 그런데도 그 마하남은 세상에 살았을 때 거친 옷을 입고 나쁜 음식만 먹었습니다."

"그는 전생에 다가라시기多迦羅尸棄라는 벽지불辟支佛: 홀로 깨달은 자을 만나 한 끼 밥을 보시했었습니다. 그러나 청정하게 믿는 마음이 아니었고, 공경히 준 것도 아니었으며, 손수 주지도 않았고 그나마 보시하고 나서는 후회하면서 말하기를 '차라리 이 밥을 우리 집 종들에게나 줄 것을, 쓸데없이 사문들에게 보시하였다'라고 하였습니다. 여하튼 그런 보시의 복으로 말미암아 일곱 번은 삼십삼천에 태어났고, 일곱 번은 여기 사위성에서 가장 훌륭한 족성族姓으로 태어나 돈과 재물을 많이 가진 큰 부자가 되었던 것입니다. 그러나 그 벽지불에게 보시할 때 청정하게 믿는 마음이 아니었고, 공경히 준 것도 아니었으며, 손수 주지도 않았고, 보시하고 나서는 후회하였기 때문에, 그가 태어난 곳에서 비록 부자가 되었어도 일부러 거친 옷을 입고 나쁜 음식만 먹으며, 추하고 낡은 침구와 집과 수레를 쓰면서 처음부터 훌륭하고 묘한 색色, 소리[聲], 냄새[香], 맛[味], 감촉[觸]을 얻지 못하고 스스로를 위안했던 것입니다.

대왕이여, 그 마하남 장자는 또한 자기 친척을 죽이고 그의 재물을 빼앗았습니다. 그 죄로 말미암아 오랜 시간을 지옥에 떨어졌고, 그 남은 죄의 과보로 일곱 번 사람의 몸을 받아 사위성에 태어났지만, 늘 아들이 없었기 때문에 재물을 왕가에 몰수당했습니다. 대왕이여, 마하남 장자는 지금 여기서 목숨을 마쳤지만 전생에 보시한 과보는 다 끝났고, 그 몸의 간탐慳貪: 몹시 인색하고 욕심이 많음때문에 재물을 제대로 쓸 줄 몰라 죄를 지었으므로 목숨을 마친 뒤에는 지옥에 떨어져 극심한 고통을 받을 것입니다."

"세존이시여, 마하남 장자는 목숨을 마치고 나서 지옥에 들어가 고통을 받습니까?"

"그렇습니다, 대왕이여. 이미 지옥에 들어갔습니다."

세존께서 게송으로 말씀하셨다.

오직 그 죄와 복의 업만 있나니
만일 사람이 그런 것을 지으면

그야말로 그의 소유이거니
그는 언제나 가지고 다니면서
나든지 죽든지 일찍이 버리지 못함이
그림자가 형체를 따르는 것과 같다네

마치 어떤 사람이 적은 양식을 가지고
먼 길을 떠나면 고난을 당하듯이
공덕을 닦지 않는 사람은
나쁜 세계에서 괴로움을 겪으리

마치 어떤 사람이 양식이 풍족하면
편안하게 먼 길을 갈 수 있듯이
순박하고 후하게 덕을 닦으면
좋은 세계에서 오래도록 즐거움 누리리

마치 어떤 사람이 먼 길을 떠났다가
오랜만에 무사히 집으로 돌아오면
친척들과 친한 벗들이
반기고 기뻐하며 모여들 듯이

공덕을 잘 닦은 사람은
여기서 죽어 저승에 들어갈 때

그 여러 친척과 그 권속들이
그걸 보면 기뻐하고 즐거워하리

그러므로 마땅히 복을 닦아서
오랫동안 쌓고 모으면
그 복과 덕이 능히 그 사람 위해
다른 세상의 즐거움 마련하리라

복과 덕은 하늘도 찬탄하는 것
바른 행을 평등하게 닦기 때문이니
현세의 사람들도 헐뜯지 않고
죽어서는 천상에 태어나리라

부처님께서 이 경을 말씀하시자, 파사닉왕은 부처님
의 말씀을 듣고 기뻐하면서 예배하고 떠나갔다.

낭송Q시리즈 동청룡
낭송 아함경

4부
배움과 수행

4-1.
지혜로 일구는 복전(福田)

이와 같이 나는 들었다. 부처님께서 구살라국 인간세상을 유행하시다가 일나라一那羅 마을에 이르러 일나라 숲에 계실 때였다. 세존께서는 가사를 입고 발우를 가지고 일나라 마을에 들어가 탁발을 하시다가 '오늘은 너무 이르다. 우선 농사를 짓는 바라두바자婆羅豆婆遮 바라문이 음식 만드는 곳을 거쳐 가 보자'라고 생각하셨다. 그때 농사를 짓는 바라두바자 바라문은 오백 벌의 쟁기로 밭을 갈며 음식을 만들고 있었다. 그가 멀리서 세존을 보고 말했다.

"구담이여, 나는 지금 밭을 갈고 씨앗을 뿌려 그것으로 먹고살아 갑니다. 사문 구담께서도 밭을 갈고 씨앗을 뿌려 그것을 드시고 살아가셔야 합니다."

"나 또한 밭을 갈고 씨앗을 뿌려 그것을 먹고살아 갑

니다.”

“나는 사문 구담의 쟁기도 멍에도 고삐도 끈도 보습
도 채찍도 전혀 본 일이 없습니다. 그런데도 사문 구
담께서는 ‘나 또한 밭을 갈고 씨앗을 뿌려 그것을 먹
고 살아 간다’고 말씀하시는군요.”

바라두바자 바라문이 게송으로 말했다.

    스스로 밭을 간다 말하지만
    그 밭갈이 보지 못했네
    나를 위해 밭갈이를 설명하고
    밭 가는 법을 알려 주시오

세존께서도 게송으로 대답하셨다.

    믿음은 씨앗이요
    고행은 때 맞춰 내리는 단비
    지혜는 쟁기를 끄는 멍에
    부끄러워하는 마음은 끌채가 되네

    바른 생각으로 스스로 보호하면
    이것이 곧 훌륭한 몰이꾼
    몸과 입의 업을 잘 단속하고

알맞은 양만큼 먹을 줄 아네
진실을 진정한 수레로 삼고
즐거이 머무르되 게으르지 않으며
부지런히 정진하여 거칠음 없애고
안온하면서도 빨리 나아가며
되돌아오는 일 없이 곧장 나아가
근심이 없는 곳에 이르게 되네

이러한 농부
감로 열매 얻고
이러한 농부
어떤 존재로도 다시 태어나지 않네

바라두바자 바라문이 부처님께 말씀드렸다.
"농사를 잘 지으시는군요, 구담이시여. 참으로 농사를 잘 지으십니다, 구담이시여."
이에 바라두바자 바라문은 세존의 게송을 듣고 마음에 믿음이 더해져 맛있는 음식을 한 발우 가득 담아 세존께 바쳤다. 그러나 세존께서는 그것을 받지 않으셨으니, 그것이 게송을 인연하여 얻은 것이기 때문이다. 부처님께서는 게송으로 말씀하셨다.

설법으로 말미암아 얻었기에
나는 그 음식 받지 않으리

"구담이시여, 그러면 이제 이 음식을 어디다 두어야
합니까?"

"나는 이런 음식을 먹고 몸이 편안할 수 있는 하늘,
악마, 범梵, 사문 바라문 등의 천신이나 세상 사람들
을 보지 못했습니다. 바라문이여, 그대는 이 음식을
가져다가 벌레가 없는 물속이나 풀이 적은 곳에 버리
시오."

바라문이 그 음식을 가져다 벌레가 없는 물속에 넣
자, 물은 곧 연기를 일으키고 부글부글 끓어오르며
칙칙 소리를 냈다. 마치 뜨거운 쇠구슬을 찬물에 던
질 때 나는 소리 같았다. 바라문은 이렇게 생각했다.
'사문 구담은 참으로 기이하고 특별하시다. 그는 큰
덕이 있고 큰 힘이 있어 음식에 신비스런 변화를 일
으킬 수 있는 것이다.' 바라문은 그 음식의 상서로운
조화를 보고 믿음이 더욱 커져 부처님께 말씀드렸다.

"구담이시여, 저도 이 바른 법 안에서 출가하여 구족
계를 받을 수 있겠습니까?"

"당신도 이 바른 법 안에서 출가하여 구족계를 받을
수 있고 비구의 신분을 얻을 수 있습니다."

그는 곧 출가하여 홀로 고요히 사유했고, 아라한이
되어 해탈하였다.

4-2.
나의 몸이 나의 수행처

이와 같이 나는 들었다. 부처님께서 구섬미국拘睒彌國 구사라원瞿師羅園에 계실 때였다. 세존께서 비구들에게 말씀하셨다.

"비유컨대, 어떤 사람이 빈집에서 놀다가 여섯 가지 동물을 얻었다. 처음에는 개를 얻었는데, 그 개를 어떤 곳에 매어 두었다. 다음에는 새를, 다음에는 독사를, 다음에는 여우를, 다음에는 악어를, 마지막으로는 원숭이를 얻었다. 그는 이 동물들을 모두 한곳에 매어 두었다. 그런데 개는 마을로 들어가려고 하고, 새는 허공으로 날아가려고 하며, 뱀은 구멍으로 들어가려고 하고, 여우는 무덤 사이로 가려고 하며, 악어는 바다로 들어가려고 하고, 원숭이는 산으로 들어가려고 한다. 모두 한곳에 매여 있지만, 각자 좋아하고 편한 곳으로 가기를 원한 것이다.

이와 같이 여섯 가지 감각기관은 각각 제가 좋아하는 경계를 구하고 다른 경계를 원하지 않는다. 눈은 언제나 사랑할 만한 빛깔을 구하고, 마음에 들지 않는 빛깔은 싫어한다. 귀는 언제나 사랑할 만한 소리를 구하고, 마음에 들지 않는 소리는 싫어한다. 코는 언제나 마음에 드는 냄새를 구하고, 마음에 들지 않는 냄새는 싫어한다. 혀는 언제나 마음에 드는 맛을 구하고, 마음에 들지 않는 맛은 싫어한다. 몸은 언제나 마음에 드는 감촉을 구하고, 마음에 들지 않는 감촉은 싫어한다. 뜻은 언제나 마음에 드는 법을 구하고, 마음에 들지 않는 법은 싫어한다. 이 여섯 가지 감각기관은 갖가지 작용과 경계에 있어 다른 감각기관의 경계를 구하지 않는다. 이 여섯 가지 감각기관이 힘이 있다면 지각하는 경계에 따라 자유로울 수 있을 것이다. 그러나 저 장부가 여섯 가지 중생들을 단단한 기둥에 매어 둔다면, 그것들은 저마다 힘을 다해 제 마음에 맞는 데로 가려고 이리저리 달려 보다가 그만 지쳐 버리고 말 것이다. 밧줄에 매어 있기 때문에 그들은 끝내 기둥에 의지할 수밖에 없다.

비구들아, 여섯 가지 중생은 여섯 가지 감각기관에 대한 비유이고, 단단한 기둥은 몸에 대한 비유이다. 몸을 수행처로 삼아 잘 닦아 익히면, 생각하는 빛깔과 생각하지 않는 빛깔에 따라 사랑할 만한 빛깔을 보아도 집착하지 않고, 사랑할 만하지 않은 빛깔을 보아도 싫어하지 않게 된다. 귀가 소리에 대해서, 코가 냄새에 대해서, 혀가 맛에 대해서, 몸이 감촉에 대해서도 마찬가지다. 뜻이 법에 대해서도 마음에 드는 법을 구하지 않고, 마음에 들지 않는 법도 싫어하지 않는다. 그러므로 비구들아, 마땅히 몸을 부지런히 닦아 익혀 항상 거기에 머무르도록 하라."

부처님께서 이 경을 말씀하시자, 비구들은 부처님의 말씀을 듣고 기뻐하며 받들어 행하였다.

4-3.
송곳으로 몸을 찔린 뒤에야
바르게 사유할 것인가

이와 같이 나는 들었다. 부처님께서 왕사성 가란다죽
원에 계실 때였다. 세존께서 비구들에게 말씀하셨다.
"세상에는 네 가지 좋은 말이 있다. 어떤 좋은 말은
편안한 안장에다 채찍 그림자만 보아도 빠르게 달린
다. 말 모는 사람의 형세를 잘 관찰하여 느리게 가고
빠르게 가며 왼쪽으로 가고 오른쪽으로 가되, 말 모
는 사람의 의도대로 행한다. 이것이 첫번째로 좋은
말이다.

어떤 좋은 말은 채찍 그림자를 보면 스스로 놀라 살
필 줄 아는 능력은 없지만, 채찍이 그 털끝을 스치기
만 해도 놀라서 말 모는 이의 마음을 살피고는 느리
게 가고 빠르게 가며 왼쪽으로 가고 오른쪽으로 간
다. 이것이 두번째로 좋은 말이다.

어떤 좋은 말은 채찍 그림자를 돌아보거나 털끝에 스쳐도 사람의 마음을 따르는 능력은 없으나, 채찍으로 살갗을 조금 때리면 놀라서 말 모는 이의 마음을 살피고는 느리게 가고 빠르게 가며 왼쪽으로 가고 오른쪽으로 간다. 이것이 세번째로 좋은 말이다.

어떤 좋은 말은 채찍 그림자를 돌아보거나 털을 스치고 지나가거나 살갗을 조금 맞는 정도로는 움직일 줄 모르고, 송곳에 몸을 찔려 뼈를 다친 뒤에야 비로소 놀라 수레를 끌고 길에 나서서, 말 모는 이의 마음을 따라 느리게 가고 빠르게 가며 왼쪽으로 가고 오른쪽으로 간다. 이것이 네번째로 좋은 말이다.

바른 법과 율에도 이와 같이 네 종류의 선남자善男子: 불법에 귀의한 남자가 있다. 무엇이 그 네 가지인가?

어떤 선남자는 다른 마을의 남자나 여자가 질병이 들어 고통을 받거나 심지어는 죽기까지 했다는 말을 듣고서는 무섭고 두려워서 바른 사유에 의지한다. 마치 저 좋은 말이 채찍의 그림자만 보고도 길들여진 것과 같다. 이것이 바른 법과 율에 잘 길들여진 첫번째 선남자이다.

어떤 선남자는 다른 마을의 남자나 여자가 늙고 병들고 죽는 고통을 받는다는 말을 듣고서는 무서워하고 두려워하며 바른 사유에 의지하지는 않지만, 다른 마을의 남자나 여자가 늙고 병들고 죽는 고통을 겪는 것을 보고 나서는 무서워하고 두려워하여 바른 사유에 의지한다. 마치 저 좋은 말이 털끝을 스치기만 해도 어느새 길들여져서, 말 모는 이의 마음을 따르는 것과 같다. 이것이 바른 법과 율에 잘 길들여진 두번째 선남자이다.

어떤 선남자는 다른 마을의 남자나 여자가 늙고 병들고 죽는 고통을 보거나 듣고서는 두려워하는 마음을 내어 바른 사유에 의지하지 않지만, 마을의 스승이나 친한 사람이 늙고 병들고 죽는 고통을 당하는 것을 보고는 두려워하며 바른 사유에 의지한다. 이는 마치 저 좋은 말이 살갗을 조금 맞고 나서 비로소 길들여져서 말 모는 이의 마음을 따르는 것과 같다. 이것이 바른 법과 율에 잘 길들여진 세번째 선남자이다.

어떤 선남자는 다른 마을의 남자나 여자나 친한 사람이 늙고 병들고 죽는 고통을 받는 것을 듣거나 보고서도 무서워하고 두려워하는 마음을 내어 바른 사유에 의지하지 않지만, 제 자신이 늙고 병들고 죽는 고통을 당하는 일에 대해서는 싫어하고 두려워하는 마음을 내어 바른 사유에 의지한다. 이는 마치 저 좋은 말이 살을 찔리고 뼈까지 다치고 나서야 비로소 길들여져서 말 모는 이의 마음을 따르는 것과 같다. 이것이 바른 법과 율에 잘 길들여진 네번째 선남자이다."

부처님께서 이 경을 말씀하시자, 비구들은 부처님의 말씀을 듣고 기뻐하며 받들어 행하였다.

4-4.
머리에 타는 불을 끄듯 공부하라

이와 같이 나는 들었다. 부처님께서 사위성 기수급고 독원에 계실 때였다. 존자 사리불은 이른 아침에 가사를 입고 발우를 가지고 사위성에 들어가 탁발을 했다. 탁발을 마치고 정사로 돌아와, 가사와 발우를 두고 발을 씻은 뒤에 니사단尼師檀: 비구가 앉거나 누울 때 펴는 깔개을 가지고 숲속에 들어가 좌선했다. 사리불이 좌선에서 깨어난 후, 부처님 계신 곳으로 나아가 머리를 조아려 부처님의 발에 예배하고, 한쪽으로 물러나 앉았다.

부처님께서 사리불에게 말씀하셨다.

"어디서 오느냐?"

"세존이시여, 숲 속에서 좌선하고 오는 길입니다."

"오늘은 어떤 선정에 들었느냐?"

"세존이시여, 저는 오늘 숲 속에서 공삼매선空三昧禪: 모든 현상은 인연 따라 모이고 흩어지므로 거기에 불변하는 실체가 없다고 관조하는 삼매에 들어 머물렀습니다."

"훌륭하고, 훌륭하다. 사리불아, 너는 상좌의 선정에 들어 머무르면서 좌선하였구나. 상좌의 선정에 들고자 하는 비구는 성으로 들어갈 때나 탁발할 때나 성에서 나올 때나 이렇게 생각해야 한다. '나는 지금 눈으로 빛깔을 보고 있다. 탐욕과 은애恩愛와 사랑하는 생각과 집착을 일으키고 있지는 않은가?'

사리불아, 비구가 이렇게 관찰할 때 만일 눈이 빛깔에 대해 애착하는 마음과 물들어 집착하는 생각이 있으면, 그 비구는 악하고 착하지 않음을 끊기 위해 의욕을 일으키고 부지런히 방편을 써서 생각을 잡아매는 공부를 해야 한다. 비유하면, 어떤 사람의 머리나 옷에 불이 붙으면 그는 가장 좋은 방편으로써 그것을 힘껏 끄려 할 것이다. 이처럼 저 비구도 왕성한 의욕을 내서 생각을 잡아매는 공부를 해야 한다.

비구가 관찰할 때나, 길이나 마을에서 탁발을 할 때, 혹은 마을에서 나올 때, 그 과정에서 빛깔에 대해 마음이 일어나 사랑하는 생각과 물들어 집착함이 없으면, 그 비구는 기쁘고 즐거운 선근善根으로 꾸준히 힘써 생각을 잡아매기를 닦고 익혀야 한다. 비구야, 이것을 '다니거나 섰거나 앉거나 눕거나 간에 깨끗이 없앤 탁발'이라고 한다."

부처님께서 이 경을 말씀하시자, 존자 사리불은 부처님의 말씀을 듣고 기뻐하며 받들어 행하였다.

4-5.
감각과 생각에 붙들리는 것은
잠에 빠지는 것과 같으니

이와 같이 나는 들었다. 부처님께서 비사리의 미후못 가에 있는 2층 강당에 계실 때였다. 세존께서 모든 비구들에게 말씀하셨다.

"어리석은 범부 비구들아, 차라리 불로 쇠막대기를 달구어 눈을 지져 태울지언정, 눈으로 빛깔을 취하고 아름다운 형상을 취하지는 말라. 빛깔을 취하고 아름다운 형상을 취하면, 마치 무쇠 탄환이 물에 가라앉듯 나쁜 세계에 떨어지기 때문이다.

어리석은 범부들아, 차라리 송곳으로 귀를 뚫을지언정 귀로 소리를 취하고 아름다운 소리를 따라 집착하지 말라. 소리를 취하고 아름다운 소리를 따라 집착하면, 몸이 무너지고 목숨이 끝난 뒤에 마치 무쇠 탄환이 물에 가라앉듯 나쁜 세계에 떨어지기 때문이다.

어리석은 범부들아, 차라리 예리한 칼로 코를 벨지언정 코로 냄새를 취하고 좋은 냄새를 따라 집착하지 말라. 냄새를 취하고 좋은 냄새를 따라 집착하면, 몸이 무너지고 목숨이 끝난 뒤에 마치 무쇠 탄환이 물에 가라앉듯 나쁜 세계에 떨어지기 때문이다.

어리석은 범부들아, 차라리 예리한 칼로 혀를 끊을지언정 혀로 맛을 취하고 좋은 맛을 따라 집착하지 말라. 맛을 취하고 좋은 맛을 따라 집착하면, 몸이 무너지고 목숨이 끝난 뒤에 마치 무쇠 탄환이 물에 가라앉듯 나쁜 세계에 떨어지기 때문이다.

어리석은 범부들아, 차라리 강철로 만든 예리한 창으로 몸을 찌를지언정 몸으로 감촉을 취하고 좋은 감촉을 따라 집착하지는 말라. 감촉을 취하고 좋은 감촉을 따라 집착하면, 몸이 무너지고 목숨이 끝난 뒤에 마치 무쇠 탄환이 물에 가라앉듯 나쁜 세계에 떨어지기 때문이다.

비구들아, 잠에 빠지는 삶은 어리석은 삶이다. 어리석은 삶에는 아무런 이익도 없고 아무런 복도 없다. 그러나 비구들아, 차라리 잠을 잘지언정 저 빛깔에 대해 감각과 생각을 일으키지 말라. 만일 감각과 생각을 일으키면, 틀림없이 얽매임과 다툼이 생겨 많은 사람들로 하여금 옳지 않은 일을 저지르게 하고, 하늘과 사람들을 유익하고 안락하게 하지 못할 것이다. 그러므로 지혜로운 거룩한 제자들은 이와 같이 공부한다.

'나는 지금 차라리 불에 달군 쇠창으로 내 눈을 찌를지언정, 눈으로 빛깔을 취함으로써 세 갈래 나쁜 세계에 떨어져 긴 세월 동안 괴로움을 받지는 않으리라. 오늘부터 올바르게 사유하여, 눈은 무상한 것이고 함이 있으며[有爲], 마음을 인연하여 생긴 법이라고 관찰하자. 빛깔과 눈의 감각을 인연하여 생기는 느낌인, 괴롭거나 즐겁거나 괴롭지도 즐겁지도 않은 감각도 또한 무상한 것이고 함이 있으며, 마음을 인연하여 생긴 법이라고 관찰하자.

차라리 쇠창으로 내 몸을 꿰뚫을지언정, 몸으로 좋은 감촉을 취함으로써 세 갈래 나쁜 세계에 떨어지지는 않으리라. 오늘부터 바르게 사유하여, 몸은 무상한 것이고 함이 있으며, 마음을 인연하여 생긴 법이라고 관찰하자. 또 감촉과 몸의 감각을 인연하여 생기는 느낌인, 괴롭거나 즐겁거나 괴롭지도 즐겁지도 않은 감각도 또한 무상한 것이고 함이 있으며, 마음을 인연하여 생긴 법이라고 관찰하자.'

또 지혜로운 거룩한 제자들은 이와 같이 공부한다.

'잠에 빠지는 것은 어리석은 삶이다. 이 어리석은 삶

은 과보도 없고 아무 이익도 없으며 복도 없다. 나는 자지 않을 것이며, 감각과 생각도 일으키지 않을 것이다. 생각을 일으킨다면 얽매임과 다툼이 생겨 많은 사람들을 이치로써 유익하게 하지 못하고 안락을 얻게 하지도 못할 것이다.'

지혜로운 거룩한 제자로서 이와 같이 관찰하는 자는 눈에 대해서 싫어하는 마음을 내고, 빛깔과 눈의 감각을 인연하여 생기는 느낌인, 괴롭거나 즐겁거나 괴롭지도 즐겁지도 않은 감각들에 대해서도 싫어하는 마음을 낸다. 싫어하기 때문에 즐거워하지 않고, 즐거워하지 않기 때문에 해탈과 해탈지견解脫知見이 생겨 '나의 생은 이미 다했고 범행梵行은 이미 섰으며, 할 일은 이미 다 마쳤으므로 후세에는 몸을 받지 않는다'라고 스스로 안다. 귀, 코, 혀, 몸, 뜻에 있어서도 마찬가지다."

부처님께서 이 경을 말씀하시자, 비구들은 부처님의 말씀을 듣고 기뻐하며 받들어 행하였다.

4-6.
존자 이십억이의 회의와 수행

(1)

이와 같이 나는 들었다. 부처님께서 왕사성 가란다죽
원에 계실 때였다. 존자 이십억이二十億耳는 기사굴산
에서 부지런히 깨달음에 이르는 여러 가지 수행을 닦
고 있었다. 그는 홀로 고요히 선정에 들어 사색하다
가 문득 이렇게 생각했다.

'나는 세존의 제자로서 부지런히 공부하는 성문들 중
한 사람이다. 그런데 아직까지도 모든 번뇌를 다 끊
지 못했다. 나는 유명한 집안의 아들로서 재물과 보
배가 풍족하다. 지금 차라리 집에 돌아가 세간의 욕
망을 누리면서 널리 보시나 해서 복이나 짓자.'

세존께서는 이십억이가 마음속으로 생각하고 있는
것을 아시고는 비구를 시켜 말씀하셨다.

"너는 이십억이에게 가서 '세존께서 너를 부르신다'고 알려주어라."

그 비구는 부처님의 분부를 받고 이십억이에게 가서 말했다.

"세존께서 그대를 부르십니다."

이십억이는 비구의 말을 듣고 부처님 계신 곳으로 나아가 머리를 조아려 발에 예배하고, 한쪽으로 물러나 서 있었다. 세존께서 이십억이에게 말씀하셨다.

"네가 홀로 고요한 곳에서 선정에 들어 사색하다가 '나는 부지런히 공부하는 세존의 성문들 중 한 사람이다. 그런데 아직까지도 번뇌를 다 끊고 해탈을 얻지 못했다. 나는 유명한 집안의 아들로서 많은 재산을 가지고 있다. 차라리 속세로 돌아가 세속적 욕망의 즐거움을 누리면서 널리 보시나 해서 복이나 짓자'라고 생각한 것이 사실이냐?"

이십억이는 '세존께서 이미 내 마음을 알고 계시는구나'라고 생각하고는 놀랍고 두려워 털이 곤두섰다. 그는 부처님께 아뢰었다.

"사실입니다, 세존이시여."

"내가 이제 너에게 묻노니 너는 마음대로 대답해라. 이십억이야, 너는 속세에 있을 때 거문고를 잘 탔었느냐?"

"그렇습니다. 세존이시여."

"네 생각에는 어떠하냐? 네가 거문고를 탈 때 만일 거문고 줄을 너무 조이면 미묘하고 부드럽고 맑은 소리를 낼 수 있더냐?"

"아닙니다. 세존이시여."

"그럼 만일 거문고 줄을 느슨하게 매면 미묘하고 부드럽고 맑은 소리를 낼 수 있더냐?"

"아닙니다. 세존이시여."

"거문고 줄을 고르게 하여 너무 늦추지도 않고 조이지도 않으면, 미묘하고 부드럽고 맑은 소리를 내더냐?"

"그렇습니다. 세존이시여."

"정진이 너무 조급하면 들뜨게 되고, 정진이 너무 느슨하면 사람은 게을러진다. 그러므로 너는 평등하게 닦고 익혀, 집착하지도 말고 게으르지도 말며 모양을 취하지도 말아라."

존자 이십억이는 부처님의 말씀을 듣고 기뻐하면서 예배하고 물러갔다. 존자 이십억이는 세존께서 말씀하신 거문고 타는 비유를 항상 생각하면서 홀로 고요한 곳에서 선정에 들어 사색했다. 그리하여 번뇌가 다 끊어지고 마음이 해탈하여 아라한이 되었다.

(2)

존자 이십억이는 아라한이 되어 마음이 해탈한 기쁨과 즐거움을 깨달은 후 '세존을 찾아뵙고 문안을 드리리라'하고 생각했다. 존자 이십억이는 부처님께서 계신 곳으로 나아가 머리를 조아려 그 발에 예배하고, 한쪽으로 물러나 앉아 부처님께 말씀드렸다.

"세존이시여, 저는 세존의 법 안에서 아라한이 되었습니다. 모든 번뇌가 다 끊어졌고 할 일을 이미 마쳤으며, 무거운 짐을 벗어 버리고 제 자신의 이익을 얻었습니다. 모든 존재의 결박을 다 풀고 바른 지혜로 마음이 해탈했습니다. 여섯 가지에서 해탈했으니, 탐욕을 여읜 해탈, 화냄을 여읜 해탈, 완전히 여읜 해탈, 애욕이 다한 해탈, 모든 집착으로부터의 해탈, 잊어버리지 않고 기억하는 해탈이 그것입니다.

세존이시여, 만일 조그마한 신심信心을 의지하여 '탐욕을 여의고 해탈했다'고 말한다면 그것은 적절하지 않습니다. 탐욕, 화냄, 어리석음이 다한 것을 '진실한 탐욕을 여읜 해탈'이라고 합니다. 또 어떤 사람이 계율을 조금 지키는 것에 의지하여 '나는 화냄에서 해탈했다'고 말한다면 그것도 또한 적절하지 않습니다. 탐욕, 화냄, 어리석음이 다한 것을 진실한 해탈이라고 합니다. 또 어떤 사람이 이익을 멀리 여의고 거기에 의지해 '완전히 여의어서 해탈했다'고 말한다면 그것도 또한 적절하지 않습니다. 탐욕, 화냄, 어리석음이 다한 것을 '진실로 완전히 여읜 해탈'이라고 합니다. 나머지 해탈 역시 탐냄, 화냄, 어리석음을 모두 다한 것입니다.

세존이시여, 어떤 비구든 아라한이 되지 못해 모든 번뇌를 다 끊지 못했다면, 이 여섯 가지에서 해탈을 이룰 수 없을 것입니다. 또 어떤 비구가 배우는 위치에 있으면서 아직 최상의 즐거움에 이르는 열반을 얻지 못했다 하더라도, 익히고 향하는 마음에 머무른다면 그는 배우는 자의 근본을 성취하게 됩니다. 그리하여 뒷날에는 반드시 번뇌가 다 사라져 마음이 해탈하고, 나아가 후세의 몸을 받지 않으리라는 것을 스스로 알 것입니다.

비유하면, 어리석고 작은 어린아이가 반듯이 누워 지낼 때에는 어린아이의 모든 감각기관[根]을 이루어 갖추고, 점점 자라 어른이 되면 어른의 모든 감각기관을 이루어 갖추는 것과 같습니다. 그와 같이 배우는 자도 아직 왕성한 안락은 얻지 못하였지만, 나아가 배울 것이 없는 자의 계율과 배울 것이 없는 자의 모든 감관을 성취하게 될 것입니다.

눈으로 항상 빛깔을 분별하더라도, 끝내 마음이 해탈

하는 것과 지혜로 해탈하는 것을 방해하지 못하는 것은 뜻이 굳게 머물기 때문이니, 그런 자는 안으로 한없이 좋은 해탈을 닦고, 생기고 사라짐에서부터 무상함까지를 다 관찰합니다. 또 귀로 소리를 분별하고, 코로 냄새를 분별하며, 혀로 맛을 분별하고, 몸으로 감촉을 분별하며, 뜻으로 법을 분별하더라도 마음이 해탈하는 것과 지혜로 해탈하는 것을 방해하지 못하는 것은 뜻이 굳게 머물기 때문이니, 그런 자는 안으로 한없이 좋은 해탈을 닦고, 생기고 사라짐을 관찰합니다.

비유하면, 마을 가까이에 큰 돌산이 있는데, 끊어지지도 부서지지도 뚫리지도 않아 한결같이 두텁고 조밀하다면, 사방에서 바람이 불어오더라도 그것을 움직이거나 뚫고 지나갈 수 없는 것과 같습니다. 저 배울 것이 없는 사람이 눈으로는 항상 빛깔을 분별하고 뜻으로는 항상 법을 분별하더라도 마음이 해탈하는 것과 지혜로 해탈하는 것을 방해하지 못하는 것은 뜻이 굳게 머물기 때문이니, 그런 자는 안으로 한없이 좋은 해탈을 닦고 생기고 사라짐을 관찰합니다."

존자 이십억이가 이 법을 말하자 스승은 마음으로 기뻐하셨고, 지혜로운 수행자들도 존자 이십억이의 말을 듣고는 모두 크게 기뻐하였다.

4-7.
어미 닭이 달걀을 품듯 닦고 익혀라

이와 같이 나는 들었다. 부처님께서 구류국拘留國의 얼룩소 치는 마을에 계실 때였다. 부처님께서 비구들에게 말씀하셨다.

"나는 알고 봄으로써 모든 번뇌가 다하게 되었고, 알고 보지 못한 것이 없다. 어떤 것을 '알고 봄으로써 모든 번뇌가 다하게 되었고, 알고 보지 못한 것이 없다'고 하는가? 말하자면, 이것은 물질[色]이요, 이것은 물질의 발생이며, 이것은 물질의 소멸이다. 느낌[受], 생각[想], 의도[行]도 마찬가지다. 또 이것은 인식[識]이요, 이것은 인식의 발생이며, 이것은 인식의 소멸이다, 라고 알고 보았다. 방편을 닦고 그것을 따라 성취하지 않고서도 자신의 모든 번뇌가 다하여 마음이 해탈했으면 하고 바란다면 끝내 해탈을 얻지 못할 것이다. 닦고 익히지 않았기 때문이다.

비유하면, 암탉이 많은 알을 낳고도 때 맞춰 품어 주지도 않고 온기와 냉기를 잘 맞춰 주지도 못하고서, 병아리로 하여금 주둥이와 발톱으로 알을 쪼아 스스로 껍질을 깨고 아무 탈 없이 나오게 하려는 것과 같다. 그러나 병아리에게는 주둥이와 발톱으로 껍질을 깨고 아무 탈 없이 나올 힘이 없다. 그 어미 닭이 때 맞춰 품어 주고 온기와 냉기를 조절하여 새끼를 품지 않았기 때문이다. 비구도 부지런히 닦고 익혀 성취하지 않고서 번뇌가 다한 해탈을 얻고자 한다면 그리 될 수 없다. 닦고 익히지 않았기 때문이다.

비구가 닦고 익혀 성취하면, 해탈하게 하지 않으려 해도 저절로 번뇌가 다하여 마음이 해탈한다. 부지런히 닦고 익혔기 때문이다. 어떤 것을 닦고 익혔다고 하는가? 사념처, 사정근, 사여의족, 오근, 오력, 칠각지, 팔정도를 닦는 것을 말한다.

마치 저 암탉이 그 새끼를 잘 길러 때 맞춰 품어 주고 온기와 냉기를 알맞게 조절해 주면, 그 새끼들로 하여금 스스로 알을 깨고 나오게 하려 하지 않아도 새끼들이 스스로 방편을 써서 껍질을 깨고 아무 탈 없이 나오게 되는 경우와 같다. 이는 암탉이 때 맞춰 품어 주고 냉기와 온기를 알맞게 해주었기 때문이다.

비구도 방편을 잘 닦으면, 해탈하려 하지 않아도 저절로 번뇌가 다해 마음이 해탈할 것이다. 부지런히 닦고 익혔기 때문이다. 어떤 것을 닦고 익혔다고 하는가? 사념처, 사정근, 사여의족, 오근, 오력, 칠각지, 팔정도를 닦고 익힌 것을 말한다.

비유하면, 장인匠人이나 장인의 제자가 손으로 도끼 자루를 잡을 때, 쉬지 않고 잡으면 점점 닳아 손가락 자국이 나타나지만 그는 도끼자루가 조금씩 닳아 손가락 자국이 나타나는 것을 깨닫지 못하는 경우와 같다. 이와 같이 비구가 열심히 노력하여 닦고 익혀 성취하면 오늘은 얼마쯤 번뇌가 다하고 내일은 얼마쯤 번뇌가 다한다고 스스로 알아차리지는 못하지만, 마침내 그 비구는 번뇌가 다한 줄을 알게 될 것이다. 잘 닦고 익혔기 때문이다. 어떤 것을 닦고 익혔다고 하는가? 사념처, 사정근, 사여의족, 오근, 오력, 칠각지, 팔정도를 닦고 익히는 것을 말한다.

비유하면, 큰 배가 바닷가에 묶여 있을 때 여름 여섯 달을 지내고 나면 사나운 바람과 땡볕에 등나무 밧줄이 점점 끊어지는 것과 같다. 이와 같이 비구가 열심히 노력해 닦고 익혀 성취하면, 일체의 결박과 번뇌와 번뇌의 묶음에서 점점 해탈하게 된다. 잘 닦고 익혔기 때문이다. 어떤 것을 닦고 익혔다고 하는가? 사

넘처, 사정근, 사여의족, 오근, 오력, 칠각지, 팔정도를
닦고 익히는 것을 말한다."

부처님께서 이 경을 말씀하시자, 비구들은 이에 번뇌
를 일으키지 않고 마음이 해탈하였다.

4-8.
붓다의 꾸짖음

이와 같이 나는 들었다. 부처님께서 사위성 기수급고
독원에 계실 때였다. 대중들 사이에 조그만 다툼이
있자 세존께서는 모든 비구들을 꾸짖으셨다. 이른 아
침에 가사를 입고 발우를 가지고 성으로 들어가 탁발
하시고 공양을 마치고 성을 나와 가사와 발우를 두고
발을 씻은 후, 안타安陀 숲으로 들어가 한 나무 밑에
앉아 홀로 고요히 사유하셨다.

'대중들 사이에 사소한 다툼이 있어 나는 대중들을
꾸짖었다. 그 대중들 중에는 출가한 지 아직 오래되
지 않은 어린 비구들이 많다. 그들은 스승을 보지 못
하면 후회하는 마음을 일으키고 근심하며 즐거워하
지 않을 것이다. 나는 이미 오랜 세월 동안 모든 비구
들에게 가엾이 여기는 마음을 가져왔다. 그들을 가엾

이 여겨 이제 다시 돌아가 그들을 바로잡아야겠다.'

이때 대범왕大梵王 : 대범천. 삼십삼천의 하나로 사바세계를 다스리
는 왕이 부처님께서 마음속으로 생각하시는 것을 알고
는, 역사力士가 팔을 굽혔다 펴는 아주 짧은 시간에 범
천에서 사라져 부처님 앞에 나타나 이렇게 아뢰었다.
"그렇습니다, 세존이시여. 모든 비구들을 꾸짖으신
것은 사소한 다툼 때문이었습니다. 그 대중들 중에는
출가한 지 그리 오래되지 않은 비구들이 많습니다.
그들은 스승을 뵙지 못하면 후회하는 마음을 일으키
고 근심하며 즐거워하지 않을 것입니다. 세존께서는
오랜 세월 동안 가엾이 여기시는 마음으로 대중들을
거두어 받아들이셨습니다. 훌륭하십니다, 세존이시
여. 원컨대 지금 돌아가시어 모든 비구들을 거두어
주소서."

세존께서는 이미 마음으로 대범천을 가엾이 여겼기
때문에 잠자코 허락하셨다. 대범천은 불세존佛世尊께
서 잠자코 허락하신 것을 알고는 부처님께 예를 올린
뒤 오른쪽으로 세 번 돌더니 획하고 사라졌다.

대범천왕이 돌아가고 얼마 후, 세존께서 기수급고독
원으로 돌아오셨다. 자리를 펴고 몸을 거두어 바르게
앉으신 후, 안색을 풀어 모든 비구들로 하여금 와서
뵙게 하셨다. 비구들은 부처님의 처소를 찾아가 부끄

러워하는 얼굴로 나아가 부처님 발에 예배하고 한쪽
으로 물러나 앉았다. 세존께서 모든 비구들에게 말씀
하셨다.

"출가한 사람은 마음을 낮추고 겸손하게 생활해야
한다. 머리를 깎고 발우를 가지고 집집마다 탁발을
하다 보면 천대를 받기도 한다. 그래도 그렇게 생활
하는 까닭은 훌륭한 이치를 구하기 위해서요, 태어
남, 늙음, 병듦, 죽음, 근심, 슬픔, 번민, 괴로움을 건너
괴로움을 완전히 벗어나기 위해서다. 모든 선남자들
아, 너희들은 왕이나 도적이 시켜서 하는 것도 아니
요, 빚진 사람도 아니며, 두려움 때문도 아니요, 생활
이 궁해서 출가한 것도 아니다. 너희들은 태어남, 늙
음, 병듦, 죽음, 근심, 슬픔, 번민, 괴로움을 해탈하기
위해서 출가한 것이 아니냐?"

"정말 그렇습니다, 세존이시여."

"너희 비구들은 이와 같이 훌륭한 이치를 위해 출가
하였는데, 어찌 아직도 어리석은 범부처럼 탐욕을 일
으키고 물들어 집착하며, 성내고 사납고, 게으르고
못나서, 바른 기억을 잃어 안정되지 못하고, 모든 감
각기관을 어지럽히느냐? 비유하면, 어떤 사부가 어
둠에서 다시 어둠 속으로 들어가고, 컴컴한 곳에서
다시 컴컴한 곳으로 들어가며, 뒷간에서 나왔다가 다

시 뒷간에 떨어지고, 피로써 피를 씻으며, 모든 악을 버리고 떠났다가 도로 악을 취하는 경우와 같다. 어리석은 비구도 이와 같으니라.

비구들아, 세 가지 착하지 않은 지각이 있다. 탐하는 지각, 화내는 지각, 어리석은 지각이 그것이다. 이 세 가지 지각은 생각에서 일어난다. 어떤 것이 생각인가? 생각에는 여러 가지가 있으니, 탐하는 생각, 화내는 생각, 어리석은 생각이 그것이다. 모든 착하지 않은 지각이 이로부터 생긴다.

비구들아, 탐하는 생각, 화내는 생각, 어리석은 생각과 탐하는 지각, 화내는 지각, 어리석은 지각 및 온갖 착하지 않은 것을 어떻게 해야 완전하게 소멸하여 없앨 수 있겠느냐? 사념처에 마음을 잡아매고 무상삼매無相三昧에 머물러 닦고 익히고, 계속 닦아 익히면, 이로 인해 악하고 착하지 않은 법은 다 소멸할 것이다. 이 법으로써 선남자와 선여인善女人: 불법에 귀의한 여자은 믿음을 내어 즐겁게 출가하여 무상삼매를 닦고 익히며, 계속 닦아 익히게 되면 감로문甘露門에 머물고 나아가 마침내는 감로열반甘露涅槃을 이룰 것이다. 그러나 나는, 세 가지 소견에 의지하는 자에게는 이 감로열반에 대해 말하지 않는다. 어떤 것이 그 세 가지인가? '명命이 곧 몸이다'라고 하는 이도 있고, '명이 다르고 몸이 다르다'라고 하는 이도 있으며, '물질 [色]이 곧 나로서 둘도 아니고 다름도 없으며 영원히 존재하고 변하지 않는다'라고 하는 이도 있다. 그러나 지혜로운 거룩한 제자는 다음과 같이 사유한다. '이 세상에 취할 만하면서도 죄나 허물이 없는 법이 하나라도 있을까?' 이렇게 생각하고는 취할 만하면서도 죄나 허물이 없는 법을 하나도 보지 못한다. '내가 만일 물질에 집착하면 곧 죄와 허물이 된다. 느낌 [受]·생각[想]·의도[行]·인식[識]도 마찬가지다.' 이렇게 알고 나면 세상에서 취할 만한 것이 없게 되고, 취할 만한 것이 없게 되면 스스로 열반을 깨닫는다. 그리하여 '나의 생은 이미 다했고 범행은 이미 섰으며, 할 일을 이미 다 마쳤으므로 후세에는 몸을 받지 않는다'라고 스스로 안다."

부처님께서 이 경을 말씀하시자, 비구들은 부처님의 말씀을 듣고 기뻐하며 받들어 행하였다.

4-9.
먹는 양을 조절할 줄 아는 수행자 난타

이와 같이 나는 들었다. 부처님께서 사위성의 기수급
고독원에 계실 때였다. 세존께서 비구들에게 말씀하
셨다.

"어떤 이들이 말하기를 '가장 힘이 센 사람은 바로 난
타難陀다'라고 한다. 이것은 바른 말이다. 어떤 이들은
'가장 단정한 사람은 바로 난타다'라고 한다. 이것도
바른 말이다. 또 어떤 이들은 '애욕이 가장 무거운 사
람은 바로 난타다'라고 한다. 이 말도 바른 말이다.

비구들아, 그러나 지금 난타는 감각기관의 문을 굳게
닫고, 음식의 양을 조절할 줄 알며, 초저녁이나 새벽
이나 할 것 없이 열심히 수행하고 익혀서 이제는 바
른 지혜를 성취했으니, 목숨이 다할 때까지 순수하고
원만하고 청정할 것이다.

저 난타 비구는 감각기관의 문을 굳게 닫았기 때문에 눈으로 빛깔을 보더라도 그 빛깔의 모양에 집착하지 않고, 그 형상의 아름다움에 집착하지 않는다. 그래서 모든 눈이 무명의 어두운 장애와 세간에 대한 탐욕과 애욕, 악하고 착하지 않은 법을 늘리더라도, 그 마음을 새지 않게 하고 절제심을 일으킨다. 또한 귀, 코, 혀, 몸, 뜻을 지키고 보호하여 절제심을 일으키니, 이것을 난타 비구가 감각기관의 문을 굳게 닫은 것이라고 한다.

음식의 양을 조절할 줄 안다고 한 것은, 난타 비구는 음식에 일정한 수량을 정해 놓고 스스로 늘려 먹지도 않고 함부로 먹지도 않으며, 빛깔이나 장식에 집착하지 않고 그저 몸을 지탱하기 위해 굶주림과 목마름을 그치게 할 뿐이니, 이는 그가 범행을 닦기 때문이다. 이미 일어난 괴롭다는 느낌은 소멸시키고, 아직 일어나지 않은 괴롭다는 느낌은 일어나지 않게 하니, 이는 그가 따르고 숭상하는 것을 성취했기 때문이다. 기력이 편안하고 즐거운 것은 듣는 것이 없이 혼자 살기 때문이요, 사람들이 수레를 탈 때 기름을 치듯 스스로 뽐내거나 장엄하지 않으니, 그런 것들은 활동하기 위한 수단에 불과하기 때문이다. 또 부스럼에 약을 바르듯 그 맛을 탐하지 않는 것은 고통을 쉬려 하기 때문이니라. 이와 같이 선남자 난타는 양을 알아서 먹고 듣는 것 없이 혼자 사니, 이를 일러 '난타는 양을 조절해서 먹는다'라고 한 것이다.

저 선남자 난타가 초저녁이나 새벽이나 열심히 힘써 업을 닦는다는 것은 무엇인가? 낮에는 수행하며 걷고 좌선하여 장애를 덜고 그 몸을 깨끗이 하여, 초저녁에도 수행하며 걷고 좌선하여 장애를 덜고 그 몸을 깨끗이 하며, 한밤중에는 방 밖에서 발을 씻고 방안에 들어가 오른쪽으로 누워, 무릎을 굽히고 발을 포개고 밝은 생각에 집중하여 깨어 일어날 생각을 가진다. 새벽에는 천천히 깨고 천천히 일어나 수행하며 걷고 좌선하니, 이것이 '선남자 난타는 초저녁이나 새벽이나 열심히 노력하여 닦고 익힌다'라고 한 것이다.

저 선남자 난타의 훌륭한 생각과 바른 지혜란 무엇인가? 그는 동방을 관찰할 때는 한마음과 바른 생각으로 편안히 머물러 관찰하고, 남, 서, 북방을 관찰할 때도 또한 그와 같이 한마음과 바른 생각으로 편안히 머물러 관찰한다. 이렇게 관찰하고 나면 세간의 탐욕과 사랑, 악하고 착하지 않은 법이 그 마음을 번거롭게 하지 않는다. 저 선남자 난타는 모든 느낌이 일어남을 깨닫고, 모든 느낌이 머무름을 깨달으며, 모든 느낌이 소멸함을 깨달아 바른 생각으로 머물러 산란하지 않게 한다. 모든 생각이 일어남을 깨닫고, 모든 생각이 머무름을 깨달으며, 모든 생각이 소멸함을 깨닫고, 모든 깨달음의 일어남을 깨달으며, 모든 깨달음이 머무름을 깨닫고, 모든 깨달음이 소멸함을 깨닫고는 바른 생각으로 머물러 산란하게 하지 않으니, 이것이 '선남자 난타는 바른 생각과 바른 지혜를 성취하였다'라고 한 것이다.

비구들아, 선남자 난타처럼 감각기관의 문을 굳게 닫고, 음식의 양을 조절할 줄 알며, 초저녁이나 새벽이나 할 것 없이 열심히 노력하여 수행하고, 바른 생각과 바른 지혜를 성취해야 한다. 내가 난타가 수행한 법을 너희들에게 가르친 것처럼 너희들도 이것을 다른 사람을 위해 설명하라."

부처님께서 이 경을 말씀하시자, 비구들은 부처님의 말씀을 듣고 기뻐하며 받들어 행하였다.

4-10.
중생에게 도움이 되는 네 가지 음식

이와 같이 나는 들었다. 부처님께서 사위성의 기수급
고독원에 계실 때였다. 세존께서 비구들에게 말씀하
셨다.

"중생들에게 도움이 되고 이익이 되며, 그들로 하여
금 세상에 머물며 거두어 받아들이고 자랄 수 있게
하는 네 가지 음식이 있다. 어떤 것이 그 네 가지인
가? 첫째는 거칠고 덩어리진 음식이요, 둘째는 섬세
한 감촉이라는 음식이요, 셋째는 의지와 의도라는 음
식이요, 넷째는 인식이라는 음식이다.

비구는 물질이라는 덩어리진 음식을 어떻게 관찰하
는가? 비유하면 어떤 부부에게 사랑하고 늘 생각하
며 보살펴 기른 외아들이 있었다. 그들이 험난한 광
야를 지날 때 양식이 떨어져 굶주림의 고통이 극에

달했으나 어찌할 도리가 없었다. 그들은 '이젠 너무
도 사랑하는 외아들만 남았다. 만일 그 아들의 살을
먹는다면 이 험난한 곳을 벗어날 수도 있을 것이다.
이곳에서 세 사람 모두 죽게 할 수는 없다'고 의논하
였다. 이렇게 계획한 뒤에 그 아들을 죽여 슬픔을 머
금고 눈물을 흘리면서 억지로 그 살을 먹고 광야를
벗어나게 된 경우와 같다. 어떠냐? 비구들아, 그 부부
가 아들의 살을 함께 먹으면서 과연 그 맛을 취하고
그 맛의 좋음과 즐거움을 탐하였겠느냐?"

"아닙니다, 세존이시여."

"비구들아, 그들이 억지로 그 살을 먹은 것은 광야의
험난한 길을 벗어나기 위함이 아니더냐?"

"그렇습니다, 세존이시여."

"무릇 덩어리진 음식을 먹을 때도 그와 같이 관찰하
라. 그와 같이 관찰하면 덩어리진 음식을 끊을 줄 알
것이요, 덩어리진 음식을 끊을 줄 알고 나면, 세간의
욕망에 대한 탐욕과 애착이 끊어질 것이다. 탐욕과
애착이 끊어졌는데도 지혜로운 거룩한 제자에게서
끊지 못한 번뇌가 한 가지라도 남아 있는 것을 보지
못했다. 한 가지 결박만 있어도 이 세상으로 되돌아
와 태어나게 된다.

비구는 감촉이라는 음식을 어떻게 관찰하는가? 비유

하면, 소를 산 채로 가죽을 벗겨 놓으면 가는 곳마다 온갖 벌레가 파먹고, 모래와 흙의 더러운 먼지가 묻으며, 풀이나 나무의 가시에 찔리게 된다. 땅을 의지하면 땅에 사는 벌레들에게 먹히고, 물을 의지하면 물에 사는 벌레들에게 먹히며, 공중을 의지하면 날벌레들에게 먹혀, 눕거나 일어나거나 간에 언제나 그 몸에 고통이 있는 것과 같다. 비구들아, 저 감촉이라는 음식에 대해서도 마땅히 그와 같이 관찰하라. 그와 같이 관찰하면 감촉이라는 음식을 끊을 수 있다. 감촉이라는 음식을 끊을 줄 알면 괴롭다는 느낌, 즐겁다는 느낌, 괴롭지도 즐겁지도 않다는 느낌이 끊어질 것이다. 괴롭다는 느낌, 즐겁다는 느낌, 괴롭지도 즐겁지도 않다는 느낌이 끊어졌다면, 지혜로운 거룩한 제자는 더 이상 할 일이 없을 것이니, 할 일을 이미 마쳤기 때문이다.

비구는 의지와 의도라는 음식을 어떻게 관찰하는가? 비유하면, 마을이나 도회지 변두리에서 불이 났는데 연기도 없고 불꽃도 없다. 이때 총명하고 영리한 사람은 괴로움을 등지고 즐거움을 향하며, 죽기를 싫어하고 살기를 좋아하며 이와 같이 생각하리라. '저기 큰불이 있지만 연기도 없고 불꽃도 없다. 오갈 때 마땅히 피하여 그 속에 떨어지지 않도록 하자. 의심할

것도 없이 반드시 죽을 것이다.'

이렇게 생각하고는 그곳을 버리고 멀리 떠나기를 바라는 것과 같으니, 의지와 의도라는 음식을 관찰하는 것도 이와 같다. 이와 같이 관찰하면 의지와 의도라는 음식이 끊어질 것이요, 의지와 의도라는 음식이 끊어지면 삼애三愛가 곧 끊어질 것이다. 삼애가 끊어졌다면, 그와 같이 지혜로운 거룩한 제자는 더 이상 할 일이 없을 것이니, 할 일을 이미 마쳤기 때문이다.

비구들아, 인식이라는 음식을 어떻게 관찰하는가? 비유하면, 국왕의 순라군巡邏軍에게 잡힌 도적이 창에 삼백 번 찔리는 고통을 받으며 밤낮으로 고통을 겪는 것과 같으니, 인식이라는 음식을 관찰하는 것도 이와 같다. 이와 같이 관찰하면 인식이라는 음식을 끊을 줄 알 것이요, 인식이라는 음식을 끊을 줄 알면 명색名色을 끊을 줄 알 것이다. 명색이 끊어진 줄 알면 지혜로운 거룩한 제자는 더 이상 할 일이 없을 것이니, 할 일을 이미 마쳤기 때문이다."

부처님께서 이 경을 말씀하시자, 비구들은 부처님의 말씀을 듣고 기뻐하며 받들어 행하였다.

4-11.
깨끗한 모양에 대한 애욕을 제거하라

이와 같이 나는 들었다. 부처님께서 왕사성 가란다죽원에 계실 때였다. 존자 사리불이 비구들에게 이렇게 말했다.

"아련야 비구라면 빈 땅이나 숲 속이나 나무 밑에서 '마음속에 애욕이 아직 있음을 스스로 깨닫고 있는가'라고 안으로 자기 자신을 관찰하고 사유해야 합니다. 깨닫지 못한 자가 경계나 깨끗한 모양에 대해 애욕을 일으킨다면 도리어 깨닫지 못할 것입니다. 비유하면, 사내가 힘을 내어 배를 타고 강을 거슬러 올라가다가 몸이 피로해져 게을러지면 배가 도로 강물을 따라 내려가는 것과 같습니다.

비구들이여, 깨끗하다는 생각을 하면 도리어 애욕이 생겨 깨닫지 못하게 될 것입니다. 이런 비구는 공부할 때에 하근기下根器: 교법(教法)을 받아들여 성취할 품성과 능력이 가장 낮은 정도의 사람가 행하는 방편을 닦으며, 그 공부가 순박하거나 깨끗하지 못합니다. 따라서 도로 애욕에 떠다니게 되어, 법의 힘을 얻지 못하고 마음이 고요하지 못하며, 마음이 하나가 되지 못한 채, 그 깨끗하다는 생각을 따라 애욕이 생겨 흐름에 떠내려가 결국 깨닫지 못하게 될 것입니다. 이런 비구는 '다섯 가지 욕망에 대한 애욕을 제거하고 해탈하였다'라고 감히 스스로 말할 수 없습니다.

어떤 비구는 빈 땅이나 숲 속이나 나무 밑에서 '나는 안으로 욕심을 여의었는가?'라고 사유합니다. 이런 비구는 경계에 대해 깨끗한 모양을 취했더라도, 그 마음이 해탈하면 깨달음에 따라 나아가고 실려 갈 것입니다. 비유하면, 새의 깃털이 불에 들어가면 바로 오그라들어 다시는 펼 수 없는 것과 같습니다. 그와 같이 비구는 깨끗한 모양을 취했더라도 깨달음에 따라 흘러 실려 갑니다.

비구들이여, 방편의 행에 대하여 마음이 게으르지 않으면 법의 적정함, 고요하게 그침, 쉼, 즐거움 그리고 순박하고 깨끗한 마음을 얻을 것입니다. 이것이 바로 '나는 사유한 뒤에 깨끗한 모양에 있어서 멀리 여윔을 따르고 그대로 따라 도를 닦았으므로 다섯 가지

욕망에 대한 애욕을 여의어 해탈하였다'라고 스스로
말할 수 있다는 것입니다.

존자 사리불이 이 경을 말하자, 비구들은 그 말을 듣
고 기뻐하며 받들어 행하였다.

4-12.
자신의 경계에 의지한 새 라파의 지혜

이와 같이 나는 들었다. 부처님께서 사위성의 기수급
고독원에 계실 때였다. 세존께서 비구들에게 말씀하
셨다.

"옛날에 라파羅婆라는 새가 한 마리 있었는데, 매에게
사로잡혀 허공으로 날아오르면서 공중에서 이렇게
부르짖었다.

'나는 자각하지 못하여 갑자기 이런 변을 당했구나.
공연히 부모의 경계境界를 버리고 벗어나 다른 영역
에서 노닐다 이런 곤경에 처했다. 오늘 이렇게 곤란
을 겪으면서 자유를 얻지 못하게 되었으니 이 일을
장차 어찌하리?'

매가 라파에게 말했다. '자유를 얻을 수 있는 네 자신
의 경계가 어디에 있느냐?'

라파가 대답했다.

'밭 언덕 밑에 내 경계가 있어 족히 모든 어려움을 면할 수 있다. 그곳이 내 집이요, 부모의 경계다.'

매는 교만한 생각이 일어나 말했다.

'밭 언덕 밑으로 돌아가도록 너를 놓아주면, 내게서 벗어날 수 있겠느냐?'

라파는 매 발톱에서 벗어나 밭 언덕 큰 흙덩이 밑으로 돌아가 편안히 머물게 되었다. 그러나 흙덩이 위에서 매와 싸우려고 하자 매는 크게 화를 냈다.

'요 조그만 새가 감히 나와 싸우려 들다니!'

매는 잔뜩 성을 내며 세차게 날아 곧장 라파에게 달려들었다. 라파는 흙덩이 밑으로 피했고, 매는 곤두박질치던 힘에 의해 단단한 흙덩이에 부딪쳐 몸이 부서져 죽고 말았다. 라파가 흙덩이 밑에 납작 엎드려 우러러 보며 게송으로 말했다.

매가 잔뜩 힘을 쓰며 내려올 때
라파는 제 경계 의지하였네
사납게 일어나는 분노의 힘을 따라
그 몸 부서지는 화를 입었네

나는 샅샅이 꿰뚫어 알아

스스로 내 경계를 의지하나니
원수를 항복 받은 그 마음 기쁘고
스스로 돌아보니 그 능력 기쁘네

비록 너에게 사납고 어리석은
천 마리 큰 코끼리의 힘이 있어도
그것은 마침내 내 지혜의
16분의 1에도 미치지 못하나니
저 서슬 시퍼런 매를 꺾어 버린
뛰어나고 훌륭한 내 지혜를 보라

비구들아, 저 새와 매의 경우처럼 어리석어, 가까이
해야 할 부모의 경계를 스스로 버리고 다른 영역에
서 노닐면 그런 재앙을 만나게 된다. 너희들도 자신
의 경계와 노닐 영역을 잘 지키고, 다른 경계에서는
벗어나기를 마땅히 배워야 한다. 비구들아, 다른 영
역과 다른 경계란 바로 다섯 가지 탐욕의 경계이니,
눈으로 마음에 들고 사랑스러우며 기억할 만한 오묘
한 빛깔을 보면 욕심으로 물들어 집착하게 되고, 이
와 마찬가지로 귀로는 소리를 인식하고, 코로는 냄새
를 인식하며, 혀로는 맛을 인식하고, 몸으로는 감촉
을 인식하여 마음에 들고 사랑스러우며 기억할 만한

묘한 감촉을 인식하면 욕심으로 물들어 집착하게 되는데, 이것을 일러 비구의 다른 영역과 다른 경계라고 한다.

비구들아, 자기 영역과 부모의 경계란 곧 사념처이니, 어떤 것이 그 네 가지인가? 몸과 느낌과 마음과 법을 그대로 관찰하는 염처이다. 그러므로 비구들아, 자기가 다닐 영역과 부모의 경계에서 스스로 노닐고, 다른 영역과 다른 경계에서 멀리 벗어나는 법을 마땅히 배워야 한다."

부처님께서 이 경을 말씀하시자, 비구들은 듣고 기뻐하며 받들어 행하였다.

4-13.
붓다가 말하는 세 가지 공부

이와 같이 나는 들었다. 부처님께서 사위성의 기수급
고독원에 계실 때였다. 세존께서 비구들에게 말씀하
셨다.
"세 가지 공부가 있다. 어떤 것이 그 세 가지인가? 왕
성한 계율 공부, 왕성한 마음공부, 왕성한 지혜공부
를 세 가지 공부라고 한다."
세존께서 게송으로 말씀하셨다.

  세 가지 공부를 원만하게 갖추면
  그것이 바로 비구의 바른 행이라
  왕성한 계율과 마음과 지혜
  이 세 가지 법을 열심히 정진하라

용맹스럽고 단단한 성城에서
언제나 모든 감각기관 잘 지켜 단속하되
낮과 같이 밤에도 그리하고
밤과 같이 낮에도 그리하라

앞에서와 같이 뒤에서도 그리하고
뒤에서와 같이 앞에서도 그리하며
위에서와 같이 아래서도 그리하고
아래서와 같이 위에서도 그리하라

한량없는 모든 삼매가
일체의 모든 곳을 두루 비추리니
이것을 깨달음의 방도라 하는데
가장 맑고 시원한 원인이 되네

무명으로 인한 다툼 버려 여의고
그 마음이 잘 해탈하였으니
나는 이 세간의 깨달은 사람
지혜와 실천을 원만하게 갖추었다

바른 기억으로 잊지 않고 살아가면
그 마음이 능히 해탈케 되리니

몸이 무너지고 목숨이 끝나는 것일랑
기름등이 다해 불이 꺼지는 것 같네

부처님께서 이 경을 말씀하시자, 비구들은 부처님의
말씀을 듣고 기뻐하며 받들어 행하였다.

4-14.
준마의 여덟 가지 덕과
수행자의 여덟 가지 덕

이와 같이 나는 들었다. 부처님께서 왕사성 가란다죽
원에 계실 때였다. 세존께서 비구들에게 말씀하셨다.
"세간의 좋은 말[馬]로서 여덟 가지 덕을 성취한 놈
은 사람의 욕구를 만족시키는 몇 가지 조건을 가지고
있다. 그 여덟 가지란 무엇인가? 좋은 말이 생산되는
고장에 태어난 것을 좋은 말의 첫번째 덕이라고 한
다. 성질이 부드럽고 어질어 사람을 두렵게 하지 않
는 것을 좋은 말의 두번째 덕이라고 한다. 음식을 가
리지 않는 것을 좋은 말의 세번째 덕이라 하고, 깨끗
하지 못한 것을 싫어해서 자리를 가려 눕는 것을 좋
은 말의 네번째 덕이라 한다. 또, 말 길들이는 사람에
게 그 나쁜 버릇을 빨리 나타내어 빨리 그 버릇을 버
리게 되는 것을 좋은 말의 다섯번째 덕이라 하며, 말

타는 사람을 편안하게 하여 다른 말을 돌아보지 않게 하고, 그 무겁고 가벼움에 따라 힘을 다하는 것을 좋은 말의 여섯번째 덕이라 한다. 항상 바른 길을 따라 달리고 나쁜 길을 따르지 않는 것이 좋은 말의 일곱번째 덕이요, 병들었거나 늙었어도 힘을 다해 수레를 끌면서도 싫어하는 내색을 하거나 게을리 하지 않는 것이 좋은 말의 여덟번째 덕이다.

장부도 바른 법과 율에 머물면서 이와 같이 여덟 가지 덕을 성취하면 그를 어진 선비라 할 수 있다. 어떤 것이 그 여덟 가지인가? 어진 선비는 바른 계와 바라제목차율의波羅提木叉律儀*에 머물러 위의威儀를 행하는 곳에서, 조그만 죄를 보고도 두려워할 줄 알고, 배워야 할 계를 받아 지니니, 이것이 장부의 첫번째 덕이다. 성질이 어질고 착하며 잘 길들고 잘 머물러, 범행을 닦는 자들을 괴롭히지도 않고 두렵게 하지도 않는 것이 장부의 두번째 덕이요, 탁발해서 얻는 것이 거칠든 맛있든 마음을 평등하게 가져서 싫어하지도 않고 집착하지도 않는 것이 장부의 세번째 덕이다. 몸으로 짓는 나쁜 업과 입과 뜻으로 짓는 나쁜 업, 악하

---

* 바라제목차율의: 불교에서 계율을 이르는 말. 수행자가 지켜야 할 계율의 모든 조항을 모은 것.

고 착하지 못한 법과 모든 번뇌와, 거듭 받게 되는 모든 유정有情들의 치성한 고통의 과보를 싫어하여 여의려는 마음을 내고, 미래 세상의 태어남, 늙음, 병듦, 죽음과 근심, 슬픔, 번민, 괴로움에 대해서는 더욱 싫어하여 여의려는 마음을 내게 되는 것을 장부의 네번째 덕이라 한다.

또 어떤 사문이 허물이 있고 아첨하고 왜곡되며 진실하지 않으면 속히 큰 스승이나 선지식善知識에게 알려 설법하게 하여 그 같은 허물을 곧 끊게 하는 것이 장부의 다섯번째 덕이다. 배우려는 마음을 완전하게 갖추어 '남들이 배우건 배우지 않건 나는 다 배우고 말리라'라고 생각하는 것이 장부의 여섯번째 덕이요, 여덟 가지 바른 길을 가고 그른 길을 가지 않는 것이 장부의 일곱번째 덕이며, 목숨을 마칠 때까지 방편으로 열심히 노력하여 싫증을 내거나 게을리하지 않는 것이 장부의 여덟번째 덕이다. 장부가 이 여덟 가지 덕을 성취하면 그 행하는 지위를 따라 빨리 향상될 것이다.

부처님께서 이 경을 말씀하시자, 비구들은 부처님의 말씀을 듣고 기뻐하며 받들어 행하였다.

『잡아함경』(雜阿含經) 원목차